99 Geschichten für den islamischen Religionsunterricht

Ahmet Kilic

Vorwort

Heutzutage machen die Menschen einen großen Trubel um ein Glas Wasser. Warum? Weil sie in dieses Glas passen und in ihm Platz nehmen wollen. Natürlich schwappt das Innere des Glases dann schnell über, und es kommt zu Streitigkeiten. Dies passiert, obwohl unsere Ältesten immer sagten: „Das Äußere des Glases ist unendlich und das Leben muss nicht in dieses Glas gezwängt werden." Wenn man diesen Spruch unserer Ältesten ernst nehmen würde, dann würde das Glas selbst und auch das Wasser sehr rein bleiben. Denn verglichen mit der Unendlichkeit ist alles gleich null und nichtig. Die Mathematik lehrt uns das Gleiche. Wenn man die größten Zahlen mit der Unendlichkeit teilt, ist das Ergebnis null.

Deshalb sieht jeder, der dieses Glas, welches hier für die Welt steht, verlässt, das Glas als etwas Kleines an. Wie klein ist das Glas im Auge des Verlassenden? Je mehr er sich vom Glas entfernt, desto kleiner sieht das Glas für ihn aus. Wenn man dagegen neben dem Glas steht, sieht das Glas dagegen groß aus.

Ein Weg, das Glas zu verlassen, ist durch Geschichten. Kaum etwas vermag uns so sehr in den Bann zu ziehen. Lebendig erzählte Geschichten beflügeln unsere Fantasie und streicheln unsere Seelen. Sie führen dazu, dass wir uns von dem Glas entfernen. Geschichten haben viele Vorteile. Derjenige, der Geschichten liest, kann sich in die beschriebenen Zeiten, Personen und Orte hineinversetzen. Er bekommt dadurch das Gefühl, als würde er in der Zeit der Erzählungen leben und Zeuge der berichteten Geschehnisse sein. Die Empfindungen, die er dabei durchlebt, bereiten viel Vergnügen.

Der zweite Punkt ist, dass der Mensch in seinem Leben mit vielen Geschehnissen konfrontiert wird, bei denen er oft nicht weiß, wie er sich zu verhalten hat. Dies wiederum führt zu falschen Entscheidungen. Wir alle bereuen von Zeit zu Zeit einige unserer Taten und manchmal bereuen wir das, was wir nicht getan haben. Wenn wir andere und die Früchte ihrer Taten sehen, dann denken wir uns: „Hätte ich das auch so gemacht!"

Durch die hier angeführten Geschichten werden wir ebenso Zeuge von Taten anderer. Manche der Protagonisten erhalten durch ihre Taten großen Lohn; anderen wiederum wurde nichts Gutes zuteil. Wir lernen durch Erzählungen, wie die Erfolgreichen handeln und beginnen, ebenfalls so zu handeln.

Ein weiterer Vorteil, der sich durch das Lesen der angeführten Geschichten ergeben kann, ist, dass sich dadurch die übertriebene Bindung zum Diesseits verringert. Denn der Leser erkennt die miserable Lage selbst der Herrscher und Sultane. Er erkennt, dass all die Herrscher heute unter der Erde liegen und nicht mehr unter uns weilen. Ihre Leichen wurden von Insekten gefressen und sie wurden zu Staub. Dasselbe erwartet auch uns. Auch unser Ende wird unter der Erde sein und auch wir werden ihnen folgen. Daran gibt es keinen Zweifel.

Einer, der über die gesamte damalig bekannte Erde herrschte, war Iskander Dhu l-Qarnain. Es gibt geteilte Meinungen darüber, ob er ein Prophet war oder nicht. Aber auch wenn er kein Prophet war, so zählt er zumindest zu den Heiligen. Als dieser große Mann starb und begraben wurde, stellte sich ein weiser Mann vor sein Grab und sagte: „O großer Mann! Du hast uns zu deinen Lebzeiten sehr viele nützliche Ratschläge erteilt, aber deine nützlichste Weisheit hast du uns heute gelehrt. Du sagst uns mit anderen Worten, dass wir uns ein Beispiel an dir nehmen sollen. Bis gestern noch hast du über die ganze Welt geherrscht, heute bist du in deinem Sarg, und in ein paar Stunden wirst du unter der Erde sein. Und ganz gleich über wie viel Reichtum wir verfügen, uns wird das gleiche Schicksal ereilen. Wir sollten uns nicht an diese vergängliche Welt binden, weil sie nicht beständig ist."

Viele Kinder verstehen Lernstoff am besten, wenn er in spannenden Geschichten verpackt ist. Durch die Emotionen, die beim Lesen hervorgerufen werden, merkt sich das Gehirn das Gelernte mithilfe von Assoziationen.

Aus diesem Grund ist das folgende Buch entstanden. Die hier gesammelten Geschichten stammen aus verschiedenen historischen Büchern und oralen Tradierungen.

Es kann sein, dass einige Geschichten tatsächlich stattfanden, die meisten sind aber frei erfunden und allesamt regen sie zum Nachdenken an.

Die Geschichten enthalten vielfältige Lehren und Weisheiten, die für den alltäglichen Gebrauch bestimmt sind. Tugenden, wie z.B. Gewissenhaftigkeit, Großzügigkeit, Opferbereitschaft, Vergebung, gute Nachbarschaft, Freundschaft und Demut werden gezeigt.

Dabei habe ich mich bemüht, die Themen an die Lehrpläne anzupassen – so kann es z.B. zu einem kleinen Ritual werden, zu Beginn der Stunde eine der Geschichten zu lesen.

Aus Gründen der besseren Lesbarkeit werden die Friedens- und Segenswünsche für alle hier genannten Propheten, Frieden sei auf ihnen, einschließlich des Propheten Muhammed Allahs Segen und Frieden auf ihm, sowie alle rechtgeleiteten Kalifen, möge Allah mit ihnen zufrieden sein, hiermit stellvertretend für jede ihrer Erwähnungen ausgesprochen. Sämtliche Frieden- und Segenswünsche gelten gleichermaßen für alle hier genannten Personen.

INHALT

Geschichten aus dem Leben der Propheten

1.   Nur noch fünfhundert Jahre zu leben

Der Prophet Set, alayhi 's-salām[1], lebte tausend Jahre in einem Zelt. Im Alter von fünfhundert Jahren wurde er gefragt, ob er sich wohl fühle oder ob er einen besseren Platz bevorzuge. Auf dieses Angebot antwortete er: „Ich habe noch fünfhundert Jahre zu leben. Lohnt es sich denn für diese fünfhundert Jahre, meinen Aufenthaltsplatz zu wechseln?"

Daraufhin wurde ihm gesagt: „Kurz vor dem jüngsten Tag wird eine Gemeinschaft von Menschen erscheinen, die fünfzig bis sechzig Jahre leben wird, aber von unstillbaren Gelüsten getrieben werden wird. Ihnen werden Häuser nicht genügen. Stattdessen werden sie nach Palästen streben."

Set sagte: „Dann vermute ich, dass ihr Verstand genauso beschränkt sein wird wie ihre Lebenszeit."

---

[1] Friede sei mit Ihm

2. Der Prophet Ibrahim und der Gast

Der Prophet Ibrahim aß nie etwas allein. Er hatte beim Essen stets Gäste dabei. Er ging sogar so weit, dass er tagelang nichts aß, wenn er allein war. An einem Tag lud er einen achtzig Jahre alten Mann ein. Er sorgte sich drei Tage um ihn und bewirtete ihn sehr gut. Zu Ibrahims Erstaunen bedankte sich der alte Mann kein einziges Mal und genoss stattdessen den Dienst des Propheten. Morgens schlief der Alte lange, und er schnarchte die ganze Nacht über. Nach drei Tagen hatte Ibrahim genug und konfrontierte den alten Mann mit seinem Verhalten: „Ich habe dich drei Tage lang gut bewirtet, aber du hast dich kein einziges Mal bedankt weder bei mir noch bei Allah. Das ist eine Unverschämtheit. Ich möchte dich nicht mehr bewirten. Bitte verlasse mein Haus."

Als der alte Mann gegangen war, erschien der Erzengel Dschibrîl und brachte dem Propheten folgende Botschaft von Allah: „O Ibrahim, ich habe diesen Mann achtzig Jahre lang geduldig ertragen und du hast es mit ihm nicht einmal drei Tage ausgehalten. Gehe zu dem alten Mann und entschuldige dich bei ihm."

Daraufhin bereute Ibrahim seine Tat und machte sich auf den Weg, um den Mann aufzusuchen. Als er ihn fand, bat er den alten Mann um Verzeihung, doch der Alte sagte ihm, dass er sehr gekränkt war und lehnte die Entschuldigung ab. Als Ibrahim nicht aufhörte und auf der Entschuldigung beharrte, wunderte sich der Mann und fragte, warum er so darauf beharrte. Ibrahim antwortete: „Ich bin ein Prophet und habe dein Herz gebrochen. Allah machte mich auf meinen Fehler aufmerksam, und deshalb ist es mir sehr wichtig, dass du meine Entschuldigung annimmst." Die Augen des alten Mannes füllten sich mit Tränen. Er musterte den Propheten genau und sagte mit zittriger Stimme: „Der Gott, der seinen Propheten schickt, um sich auf so eine demütige Art und

Weise bei einem alten Mann zu entschuldigen, muss der wahre Gott sein."

Nach dieser Begebenheit sprach der alte Mann das Glaubensbekenntnis.

3.   Meine Kräfte reichen nur für diesen Tropfen

Der Prophet Ibrahim wurde von König Nimrod ins Feuer geworfen. Das Feuer war so stark, dass die Menschen Hunderte Meter Abstand halten mussten. Ein Gelehrter sah, wie sich eine Ameise mit einem Tropfen Wasser im Mund den Flammen näherte, und versuchte, diesen Tropfen in das Feuer zu werfen. Der Gelehrte sagte zu der Ameise: „Wie willst du denn bitte mit diesem Tropfen dieses Feuer löschen?" Die schlagfertige Ameise antwortete: „Meine Mittel und Kräfte reichen nur für diesen Tropfen aus. Allah wird mich nur für das zur Verantwortung ziehen, was in meiner Macht steht."

Danach sah der Gelehrte eine Schlange, die versuchte, das Feuer anzuheizen, und ihm wurde einiges klar. Genauso wie die Tiere sich in zwei Lager geteilt hatten, die einen gut und die anderen böse, so teilen sich auch die Menschen in gute und böse Lager auf.

4.   Die alte Frau und der Prophet Yusuf

Im Reich des Pharaos lebte eine alte Frau, die jeden Tag ein paar Kleider strickte und auf dem Markt verkaufte. Eines Tages war sie erneut auf dem Markt, aber konnte ihre Kleider nicht verkaufen. Zum Schluss entschied sie sich dazu, mit ihren Kleidern auf den Sklavenmarkt zu gehen, denn auf dem Sklavenmarkt wurde zu der Zeit ein ganz besonderer Sklave verkauft. Es handelte sich dabei um den Propheten Yusuf. Als die anderen Händler die alte Frau fragten, wohin sie denn gehe, sagte sie: „Ich gehe zum Sklavenmarkt. Dort soll es zurzeit einen ganz besonderen Sklaven geben, und ich möchte ihn kaufen."

Die Händler wussten um die schlechte finanzielle Situation der Frau und fragten: „Womit willst du denn so einen teuren Sklaven kaufen?"

„Mit diesen Kleidern", sagte die alte Frau selbstsicher. Die Händler machten große Augen und einige fingen an zu lachen: „O Großmütterchen. Man kauft einen so wertvollen Sklaven doch nicht mit ein paar selbstgemachten Kleidern. Die Menschen gehen mit vollen Geldbeuteln und Goldstücken zum Sklavenmarkt."

Die alte Frau blieb unbeeindruckt und brachte mit folgenden Worten alle Händler zum Schweigen: „Mir ist es egal, wer mit wie viel Reichtum zum Sklavenmarkt kommt, und mir ist auch klar, dass eine reiche Person Yusuf kaufen wird. Ich möchte nur, dass mein Name auf die Liste der Käufer geschrieben wird, damit meine Haltung und Absicht im Jenseits klar erkennbar wird."

5.   Der größte Reichtum

In den Zeiten des Propheten Musa sagte einmal jemand: „O Musa, bitte bete für mich. Ich möchte gerne einmal reich werden." Der Prophet Musa empfahl ihm daraufhin, nicht für Reichtum, sondern für das zu beten, was am besten für einen selbst war. Denn vielleicht war Reichtum nicht gut für einen selbst. Doch der Mann wollte unbedingt reich werden. Daraufhin betete der Prophet Musa auf dem Berg Sinai für diesen Mann. Nach einigen Jahren sah der Prophet in der Stadt, wie ein Henker den Tod eines Mannes vorbereitete. Musa fragte die Menschenmenge, wer dieser Mann sei. Einer aus der Gruppe gab folgende Antwort: „Dieser Mann wollte vor einiger Zeit, dass du für ihn betest, damit er reich wird. Deine Gebete gingen in Erfüllung und der Mann wurde reich.

Erst hat er sich mit Alkohol vergnügt und dann mit den Frauen. Mit seiner ihm durch den Reichtum gegebenen Macht hat er am Ende einen Menschen getötet. Zur Gerechtigkeit wird er für seine schlechten Taten umgebracht."

Ein Mensch sollte stets das wollen, was Allah für ihn als das Beste vorsieht. Denn nur Allah weiß, was für uns das Beste ist. Allah, der Allmächtige, teilt uns im Koran sinngemäß mit: „Manche Dinge erbittet ihr, ohne zu wissen, dass sie schlecht für euch sind. Manche Dinge, die euch widerfahren, können euch traurig machen oder euch Mühsal bereiten, jedoch können sie für euch etwas Gutes sein."

Der größte Reichtum ist die Zufriedenheit mit dem, was man hat. Viel Geld oder Materielles ist manchmal Fluch und Segen zugleich.

6. Allahs Barmherzigkeit

Eines Tages, als der Prophet Musa zu einem Treffen mit Allah ging, versperrte ein Asket ihm den Weg und sagte: „Du gehst zu Allah, frag ihn, ob er zufrieden mit mir ist. Ich bin jeden Tag und jede Nacht am Beten." Musa versprach dem Mann, Allah zu fragen. Daraufhin erzählte Musa von dem Mann und fragte Allah, was er ihm antworten solle? Allah antwortete daraufhin: „Er soll sich nicht bemühen, denn sein Platz wird in der Hölle sein." Auf dem Rückweg begegnete Musa erneut dem Asketen. Als der Asket Musa nach der Antwort fragte, traute sich der Prophet nicht, ihm die Wahrheit zu sagen, und sagte stattdessen, dass er die Frage nächstes Mal stellen würde. Musa scheute sich davor, dem Mann diese traurige Nachricht zu übermitteln und grübelte tagelang, wie er es ihm sagen sollte. Nach einer Woche war Musa wieder unterwegs und wurde vom Asketen aufgehalten. Der Asket klammerte sich an sein Gewand und flehte: „Bitte, o Prophet. Bitte vergiss dieses Mal nicht nachzufragen."

Nickend entfernte sich Musa vom Asketen. Im Gespräch mit Allah erläuterte Musa: „O Herr. Der Asket hat wieder nachgefragt, aber ich tue mich schwer, ihm die schlechte Nachricht zu übermitteln. Ich konnte es ihm letzte Woche nicht sagen, wie soll ich es diese Woche übers Herz bringen?" Allah antwortete Musa: „Geh und verkünde ihm die frohe Botschaft. Er gehört nun zu den Bewohnern des Paradieses."

Erstaunt und beglückt zugleich fragte Musa: „O Herr. Wie kann das sein?"

„Sein Enkelkind hat ihm eine Frage gestellt, und mit der Antwort, die er gegeben hat, war ich so zufrieden, dass ich ihm all seine Sünden vergeben habe", antwortete Allah.

Musa machte sich voller Freude auf den Weg, um diese frohe Nachricht zu überbringen. Er traf den Asketen und sagte: „Ich bringe dir eine frohe Botschaft. Allah hat dir all deine Sünden vergeben. Der Grund dafür war die Antwort, die du deinem Enkelkind gabst. Darf ich fragen, was du dem Kind gesagt hast?"

Der Asket sprang vor Freude in die Luft und konnte sich gar nicht mehr halten. Er streckte die Arme in den Himmel und bedankte sich bei Allah, dann sah er mit Tränen in den Augen Musa an und erzählte: „Vor knapp fünf Tagen saß ich mit meiner kleinen Enkelin am Strand. Wir schwammen im Meer und spielten mit dem Sand. Sie schaute etwas länger auf das Meer und fragte dann: ‚Opa der Ozean ist so groß. Gibt es etwas, das größer ist als der Ozean?' ‚Natürlich gibt es das, meine Kleine', antwortete ich. ‚Größer als alle Ozeane und alles, was du dir vorstellen kannst, ist die Barmherzigkeit Allahs.'"

Als er dies hörte, erinnerte sich Musa an die letzten Worte Allahs, die er über den Asketen gesagt hatte: „Er hat so gut über mich gedacht, dass ich beschlossen habe, ihn in meinem

Ozean der Barmherzigkeit zu ertränken."

Man muss immer gut über Allah, den Erhabenen, denken.

7. Ihn zu ehren

Zu Lebzeiten des Propheten Musa gab es einen Mann, der viele Sünden begangen hatte. Als dieser Mann starb, weigerten sich alle Dorfbewohner, sein Totengebet zu verrichten, und warfen seine Leiche in eine Abfallgrube. Musa lebte etwas weiter weg und bekam von Allah folgende Offenbarung: „Mein Diener. Geh in das kleine Dorf in deiner Nähe und kümmere dich um die Leiche meines Dieners. Die Leiche liegt in einer Abfallgrube. Ich möchte, dass du sie daraus nimmst, wäschst, in ein ordentliches Grab legst und sein Totengebet verrichtest."

Die Dorfbewohner, die von der Prophetie Musas Bescheid wussten, waren entsetzt über sein Vorhaben und fragten nach dem Grund. Das ganze Dorf erklärte sich bereit, die Leiche des Mannes zu waschen und das Totengebet zu verrichten. Nach der ordentlichen Bestattung machten sich ein paar ratlose Bewohner auf den Weg zur Ehefrau des Verstorbenen. Sie klopften an ihre Tür und fragten: „Gnädige Witwe sag uns, was deinen Mann ausgemacht hat. Wir kannten ihn als offenkundigen Sünder, aber für ihn kam der Prophet Allahs in unser Dorf. Er wusch seinen Leichnam und leitete das Totengebet für ihn. Wie kann das sein?"

„Ich weiß es auch nicht so genau. Ich kann mich nur an eine liebenswürdige Tat von ihm erinnern. Eines Tages las er in der Thora und dort kam der Name „Muhammed" vor. Als er diesen Namen vorlas, stand er auf, küsste die Stelle, wo der Name stand und sagte: ‚Möge ich für diesen Namen geopfert werden.'"

Die Bewohner überbrachten auch Musa diese Neuigkeit.

Dieser sagte schmunzelnd: „Ich glaube, damit ist die Sache klar. Wer diesen Namen ehrt, den ehrt Allah. Was bedeutet das für diejenigen, die nicht nur seinen Namen ehren, sondern seinen gesamten Körper?"

8.   Dieser Mann hat deinen Namen benutzt

Zu der Zeit, zu der auch der Prophet Musa lebte, lebte ein sehr reicher Mann. Der Mann war reich, obwohl er kein Händler war und auch nicht arbeitete. Er machte sein Geld damit, dass er sich, egal wo er hinging, damit brüstete, ein Verwandter des Propheten Musa zu sein. Die Leute, die ihm das glaubten, beschenkten ihn aus Liebe und Ehrfurcht vor dem Propheten. Eines Tages kam ein Mann zum Propheten Musa. Er zog eine schwarze Schnur hinter sich her, und am Ende dieser Schnur war ein schwarzes Schwein. Der Prophet fragte den Mann: „Was hast du da?"

Der Mann antwortete: „O Prophet Allahs. Dieser Mann hat deinen Namen benutzt und damit unerlaubt sein Geld verdient. Er hat die Menschen angelogen und behauptet, dass er dein Verwandter sei. Zum Schluss hat Allah ihn in dieses Schwein verwandelt." Musa bekümmerte diese Nachricht. Er hob seine Hände und betete zu Allah: „O mein Herr, verwandele dieses Schwein doch bitte wieder in seine ursprüngliche Gestalt. Ich will ihn fragen, warum er die Menschen angelogen hat."

Allah antwortete: „Auch wenn mit dir zusammen 124000 Propheten darum gebetet hätten, so würde ich dieses Schwein nicht zurückverwandeln, denn dieser Mann hat den Glauben für seine Zwecke missbraucht."

Wenn ein Händler für alle hörbar die Basmala[2] rezitieren

---

[2] Basmala („Mit dem Namen Allahs, des Allbarmherzigen, des Erbarmers").

würde, um damit zu prahlen, dann würde alles, was er verdient hat, ihm nichts nützen.

9. Die Medizin für den Propheten Musa

Der Prophet Musa wurde eines Tages krank. Seine Freunde brachten ihm Medizin, doch er lehnte sie ab und vertraute auf Allah. Seine Krankheit hielt lange an und wurde schlimmer. Erneut kamen seine Freunde und machten ihn darauf aufmerksam, dass die Medizin, die sie ihm gebracht hatten, sehr wirkungsvoll sei. Doch wieder lehnte er sie ab. „Allah wird mir schon helfen!", sagte er. Daraufhin bekam er folgende Offenbarung: „Wenn du keine Medizin benutzt, werde ich dich nicht heilen." Nach dieser Offenbarung nahm Musa die Medizin und erholte sich, aber in seinem Herzen verblieb eine Unruhe, sodass noch eine Offenbarung herabgesandt wurde: „Willst du, bevor du mir vertraust, meine Weisheit hinterfragen und verändern? Wer hat in die Medizin die heilende Wirkung gesetzt? Einzig und allein ich bin es, der durch die Medizin heilt."

10. Angst vor der Zukunft

Als der Prophet Musa auf dem Sterbebett lag, wollte er sich von jedem verabschieden. Er schaute seinen zweijährigen Sohn an und fragte sich, was mit diesem wohl passieren werde. Daraufhin erhielt er eine wunderbare Botschaft von Allah. Musa sah einen kleinen Grottenolm am Meeresboden, blind, in einem kleinen Stein lebend und mit einem kleinen grünen Blättchen in seinem Mund. Allah sagte daraufhin: „O Musa, wenn dein Schöpfer diesen hilflosen Wurm ernähren kann, wieso sollte er nicht dein Kind ernähren können?"

Der dümmste Mensch ist derjenige, der sich Sorgen um seine Zukunft macht.

11. Gottvertrauen (Tawakkul)

Ein frommer Mann wollte so schnell wie möglich zu einem Heiligen werden und der Welt entsagen. Dafür zog er sich in die Berge zurück, um zu beten. Dort versprach er sich, auf Allah zu vertrauen, und wartete auf seinen Lebensunterhalt. Tagelang aß er nichts und erlitt beinahe den Hungertod. Allah sandte einem Propheten dieser Zeit folgende Offenbarung: „Geh zu meinem närrischen Diener in den Bergen und sage ihm, dass ich ihn vor Hunger sterben lasse, wenn er sich nicht wieder unter die Leute mischt. Will er meine Weisheit hinterfragen?" Nachdem der Prophet dem Frommen diese Nachricht gebracht hatte, stiegen sie gemeinsam in das nächstgelegene Dorf und die Dorfbewohner überhäuften sie mit Essen. Allah der Allmächtige sagte: „Ich finde gefallen daran, den Lebensunterhalt meiner Diener durch ihre eigenen Bemühungen zu decken."

12. Der Prophet Süleyman und der Todesengel Azrael

Eines Tages saß der Prophet Süleyman mit einem Mann zusammen, und in diesem Moment kam der Todesengel Azrael ihn besuchen. Nach einem kurzen Gespräch schaute Azrael dem Mann neben dem Propheten eine ganze Weile tief in die Augen und verschwand danach. Der arme Mann wurde kreidebleich, atmete tief aus und sagte mit angsterfüllter Stimme: „Oh Prophet, mein Herz ist fast stehengeblieben, als der Todesengel mich so angeschaut hat. Ich dachte, er wird mir meine Seele nehmen. Befehle doch bitte dem Wind, dass er mich an einen entfernten Ort auf dieser Welt bringen soll, damit ich in Sicherheit leben kann."

Süleyman tat das, wonach er gebeten worden war. Der Wind brachte den ängstlichen Mann in ein abgelegenes Dorf im Süden Indiens.

Nach ein paar Minuten besuchte der Todesengel den Propheten Süleyman erneut. Süleyman fragte ihn, warum er dem armen Mann mit seinem Blick so einen großen Schrecken eingejagt hatte. Azrael antwortete: „Ich war verwundert, weil ich die Seele des Mannes heute in Indien nehmen musste, aber er bei dir im Palast in Jerusalem verweilte. Ich war gerade dort und habe seine Seele genommen."

In der vieranddreißigsten Âya der Sûre Al-A'Araf ,Die Höhen', heißt es sinngemäß: „Der Tod wird nicht für einen Moment verzögert und kommt nicht vor der Zeit."

13. Das Geschenk der kleinen Ameise

Der Prophet Süleyman war ein Prophet und gleichzeitig ein reicher Herrscher. Er wurde von allen Menschen und Tieren geschätzt und geliebt. Bei großen Versammlungen brachten ihm alle Gäste Geschenke. Kurz vor einer dieser großen Versammlungen überlegte sich auch eine kleine Ameise, was sie dem Propheten schenken sollte. Sie entschied sich dazu, Süleyman das Bein einer Heuschrecke zu schenken. Am Versammlungstag machte sich die Ameise auf den langen Weg zum Palast. Die Leute fragten die Ameise: „Guten Tag, kleine Ameise. Willst du dem großen Herrscher Süleyman wirklich dieses kleine, unbedeutende Bein einer Heuschrecke schenken?"

„Wenn ich dort ankomme, werden sie nicht auf das kleine Bein hier schauen. Sie werden darauf schauen, wer ein Geschenk mitgebracht hat. Ich gehe hin, um auch zu denen gehören zu können, die ein Geschenk mitgebracht haben", sagte die stolze Ameise und stolzierte weiter Richtung Palast.

14. Der Lebensunterhalt der Ameise

Der Prophet Süleyman fragte eine Ameise: „Was isst du in einem Jahr?"

„Ich esse das gesamte Jahr über ein Weizenkorn, mein Herr", sagte die Ameise. Daraufhin holte der Prophet Süleyman ein Glas und machte ein kleines Loch in das Glas. Er legte die Ameise zusammen mit einem Weizenkorn in das Glas und ließ es so stehen. Nach einem Jahr betrachtete er das Glas erneut und bemerkte, dass die Hälfte des Weizenkorns noch darin war. Verwundert fragte er die Ameise, warum sie nicht das ganze Korn aufgegessen hatte. Die Ameise antwortete: „Gnädiger Herr, ich hatte Angst, dass ich im nächsten Jahr kein Weizenkorn mehr finde. Ich kann mich nicht darauf verlassen, und deshalb habe ich die Hälfte für das nächste Jahr aufbewahrt."

Allah hat, noch bevor er die Menschen erschuf, den Unterhalt jeder Seele bestimmt. Im Laufe der Zeit erhalten die Menschen dann diesen Unterhalt. Diejenigen, die den für sie bestimmten Unterhalt aufbrauchen, sterben. Das bedeutet, dass der Tod des Menschen mit dem Ende des Unterhalts einhergeht. Solange sein Unterhalt nicht aufgebraucht ist, wird der Mensch leben.

15. Der Prophet Süleyman und der Vogel Wiedehopf

Der Prophet Süleyman rief einmal alle Vögel zu einer Versammlung. Alle Vögel nahmen an der Versammlung teil, nur der Wiedehopf war nicht anwesend. Als Süleyman merkte, dass der Wiedehopf fehlte, schickte er ein paar Vögel los, um ihn zu rufen. Er sagte zu ihnen: „Sagt dem Wiedehopf, er soll mich nicht noch mehr warten lassen, sonst werde ich wütend. Wenn er nicht kommen sollte, werde ich ihm beide Beine ausreißen."

Die Vögel flogen los, erreichten den Wiedehopf und erzählten ihm von Süleymans Drohung. Doch der Wiedehopf blieb ruhig und sagte den Boten etwas ins Ohr. Die Boten flogen zurück zum Propheten und richteten ihm aus: „Wir sollen Euch ausrichten, dass der Wiedehopf nicht kommen wird. Er sagte auch, dass er keine Angst vor Euch habe und wenn er gewillt sei, so könne er Euch von Eurem Thron stürzen."

Die anderen Vögel waren entsetzt über diese Botschaft und fürchteten sich vor Süleymans Reaktion. Der Prophet blieb unbeeindruckt und fragte schmunzelnd: „Wie will mich denn ein kleiner Vogel von meinem Thron stürzen?"

„Das haben wir ihn auch gefragt, o Prophet, und er meinte, dass es ausreichen würde, etwas vom Eigentum eines Waisenkindes in den Schornstein ihres Palastes zu werfen", sagten die Botenvögel. Zum Erstaunen aller Vögel nickte Süleyman zustimmend, als er dies hörte und gab sein Vorhaben, den Wiedehopf zu rufen, auf.

In der zehnten Âya der Sure An-Nisa' ‚Die Frauen', heißt es sinngemäß: „Wahrlich, diejenigen, die der Waisen Gut ungerecht aufzehren, die zehren (in Wirklichkeit) Feuer und werden in einem Höllenfeuer brennen."

16. Der Prophet Süleyman und die Eule

Im Buch „Hayat-ul hayvan" steht, dass der Prophet Süleyman mit allen Tieren sprechen konnte. Das war eines seiner Wunder. Eines Tages, als er mit seinem Thron über den Himmel flog, grüßte ihn eine alte, weise Eule. Süleyman erwiderte den Gruß und fragte sie: „Eule, wieso isst du kein Getreide?"[3] „Weil Adam deshalb aus dem Paradies vertrieben wurde."

„Und warum trinkst du kein Wasser?"

---

[3] Nach einigen muslimischen Überlieferungen ist es ein Getreidebaum

„Weil das Volk Noahs im Wasser ertränkt wurde."

„Warum hältst du dich immer in den Ruinen auf?"

„Weil die Ruinen das Erbe Allahs für uns sind."

„Eule, sag mir, warum du in die Häuser rufst."

„Damit ich die Menschen warnen kann. Wie können die Menschen nur schlafen, wo doch so viele Gefahren um sie sind?"

„Was bedeutet dein Rufen?"

„Ich gedenke Allahs und rufe: ‚O ihr schlafenden Unvorsichtigen. Bereitet euch auf die lange Reise vor.'"

„Und warum kommst du tagsüber nicht heraus?"

„Weil die Menschen mir zu dieser Zeit schaden können."

Süleyman sagte, dass es keinen weiseren Vogel als die Eule gibt.

17. Die größte Gabe

Eines Tages als der Prophet Isa[4] unterwegs war, sah er jemanden unter einem Baum sitzen und ein Bittgebet sprechen. Der Mann sprach: „O mein Herr, die Gaben, die Du Deinen reichen Dienern nicht gegeben hast, hast Du mir verliehen. Hierfür bin ich Dir auf ewig dankbar." Der Prophet Isa sah, dass der Mann blind, verkrüppelt und unheilbar krank war.

„Von welchem Segen sprichst du?", fragte er. „Gibt es überhaupt noch ein Übel, das dich nicht heimgesucht hat?" Der Blinde antwortete darauf: „Mein Herz ist erfüllt von der Liebe zu Allah und nicht von Geld, meine Zunge spricht von Ihm und nicht von Geld, reicht das etwa nicht?" Diese Antwort gefiel dem Propheten sehr. Er beugte sich zu ihm hinunter und küsste ihn zwischen seine beiden Augenbrauen. Da

---

[4] „Isa" heißt auf Deutsch „Jesus"

öffneten sich die Augen des blinden Mannes, und er sprach: „Du bist der Prophet Isa!"

„Ja, ich bin Isa, und so Allah will, erhebe dich jetzt." Der Mann erhob sich und stand kerzengerade vor ihm. Doch sofort warf er sich wieder nieder und sprach: „O mein Herr, als ich blind und verkrüppelt war, war ich nicht in der Lage zu sündigen. Jetzt da du mir Genesung geschenkt hast, beschütze mich weiterhin davor, mit dieser zu sündigen." Hierauf sagte der Prophet Isa: „Amin."[5]

18. Die Liebe zur Königstochter

Eines der Wunder, die der Prophet Isa vollbrachte, war folgendes: Wenn er auf einer Straße ging und sich unter der Erde eine Schatzkammer befand, dann öffnete sich diese für ihn. Als er eines Tages mit seinen Jüngern auf einer solchen Straße ging, blieb er stehen, weil sich erneut eine Schatzkammer öffnete. Die Schatzkammer war voller Gold und Edelsteine. Als die Jünger das wertvolle Gut sahen, rannten sie Richtung Schatzkammer, doch bevor sie diese erreichten rief Isa: „Halt! Lauft nicht weiter und berührt bloß nicht das Gold. Ich werde kurz weggehen und erst, wenn ich wiederkomme, dürft ihr den Schatz ausheben. Aber wartet auf jeden Fall, bis ich wiederkomme. Niemand soll das Gold anfassen." Die Jünger akzeptierten die Bedingung und Isa machte sich auf den Weg zum nächsten Dorf. Im Dorf sah er einen jungen Mann. Dieser trug eine zerfetzte Hose, alte Schuhe und hatte von der Gicht gekrümmte Finger. Er brachte gerade das Vieh zur Weide und sammelte gleichzeitig für seine Mutter Äste. Der Prophet trat zu diesem Mann und fragte ihn: „Geht es dir gut?"

„Ja, Alhamdulillah"[6], antwortete der Mann. Isa fragte

---

[5] So möge Allah es annehmen und geschehen lassen.

[6] Allah sei Dank

weiter: „Hast du Probleme?" Als der Mann diese Frage hörte, schaute er traurig zu Boden und sprach: „Bitte, drückt nicht noch tiefer in meine Wunde." Isa aber wurde neugierig und fragte: „Was ist denn los? Erzähl es mir, mein Lieber."

„Mein Herr, als ich gerade dabei war, Äste aufzusammeln, kam der Sultan hierher. Er hatte ein junges Mädchen bei sich und unsere Blicke trafen sich und seitdem ist es so, als hätte mich ein Blitz getroffen. Ich weiß, dass wir nicht zusammen sein können, aber mein Inneres ist am Brennen. Das ist mein Leid." Isa hörte sich alles an und fragte dann: „Was hältst du davon, wenn wir um die Hand dieses Mädchens bitten?" Der Mann sprang auf und sagte mit strahlendem Gesicht: „Oh ja, mein Herr, sehr gerne, aber die Wachen werden mich nicht in den Palast lassen."

„Mach dir darüber keine Sorgen, denn ich schicke dich. Geh und triff den Sultan, frag ihn, was er für das Mädchen haben möchte, und berichte mir davon." Der arme Mann machte sich auf den Weg zum Palast. Vor dem Palast kamen ihm die Wachen entgegen und fragten: „Wer bist du? Was willst du hier?" Der Mann sagte, dass der Prophet Isa ihn schickt und er den Sultan sehen wolle, die Wachen brachten ihn zum Sultan, obwohl er seine abgerissenen Kleider trug. Als der Sultan den Mann sah, rief er ihn zu sich und fragte nach dem Grund seines Besuchs. Der Mann nahm seinen ganzen Mut zusammen und sagte: „Mein Herr, ich bin hier, um Euch zu fragen, ob Ihr mich mit Eurer Tochter verheiratet." Der Sultan musterte den Mann von oben bis unten und antwortete schließlich: „Es ist auch dein Recht, um ihre Hand anzuhalten, aber alles hat seinen Preis und wenn du meine Tochter heiraten willst, dann musst du mir einen Teller voller Edelsteine bringen." Der Junge akzeptierte die Bedingung und eilte zurück zum Propheten.

Er erzählte Isa was vorgefallen war. Der Prophet hob

daraufhin eine Handvoll Erde auf und sprach: „O Allah, du bist derjenige, der diese Erde erschaffen hat und ich bitte dich darum, dass du sie zu Edelsteinen machst." Die Erde verwandelte sich in Edelsteine und der Mann brachte dem Sultan die Edelsteine in einem Teller. Der Sultan traute seinen Augen nicht, als er die Edelsteine sah, und er sagte: „Ich meinte nicht einen Teller, sondern fünf Teller voller Edelsteine." Daraufhin lief der Mann wieder zu Isa und sagte: „Der Sultan versucht mit mir zu verhandeln und verlangt jetzt noch mehr." Der Prophet gab dem Mann daraufhin fünf Teller voller Edelsteine und schickte in erneut zum Sultan.

Der Sultan wunderte sich über die ganzen Edelsteine, die ihm der Junge brachte und sprach: „Mein Sohn, du hast dein Wort gehalten. Bring mir denjenigen, der dir die ganzen Edelsteine gab und lass ihn die Trauung vornehmen." Der Mann holte den Propheten und sie veranstalteten eine Hochzeit im Palast. Kurz nach der Hochzeit ging es dem Sultan schlecht und er starb. Es gab jedoch weit und breit keinen Anwärter auf den Thron. So beschlossen die Menschen, dass der neue Schwiegersohn der neue Sultan werden sollte. Sie wuschen ihn im Hamam, kleideten ihn in edle Gewänder und wickelten einen teuren Turban um seinen Kopf. Isa ging zum neuen Sultan und sagte: „Du hast die Tochter bekommen und bist Sultan geworden. Wenn es dir nichts ausmacht, dann gehe ich jetzt." Der Mann, der jetzt fein eingekleidet auf dem Thron saß, blickte tief in die Augen des Propheten und antwortete: „Nein, du darfst nirgendwohin gehen. Vor ein paar Stunden war ich noch ein armer Bauer und jetzt bin ich schon der Sultan dieses Reiches, aber ich habe eingesehen, dass dieser ganze Reichtum nur ein Trugbild ist. Ich habe den wahrhaftigen Schatz gefunden und werde nicht von ihm weichen. Meine eigentliche Schatzkammer bist du!"

Nachdem er diese Sätze gesagt hatte, zog er seinen Turban und die teuren Kleider aus. Er wandte sich zu seiner Frau um und sagte: „Ich habe dich sehr geliebt, aber ich habe eingesehen, dass es Wichtigeres gibt. Wahre Liebe ist anders. Wenn du willst, komm mit mir oder bleib hier. Ich werde dieser Schatzkammer folgen." Die Frau entschied sich dazu, mit den beiden zu gehen, und gemeinsam kehrten sie zu den Jüngern zurück. Als sie bei den Jüngern ankamen, bat Isa den jungen Mann darum, von den Geschehnissen zu erzählen. Der Mann erzählte, was geschehen war, zeigte auf Isa und sagte zum Abschluss: „O ihr Jünger, die eigentliche Schatzkammer steht jeden Tag vor euch. Kehrt der Welt euren Rücken zu und behaltet die Liebe dieser menschlichen Schatzkammer in euren Herzen. Tragt sie in euren Herzen genauso, wie ich sie in meinem Herzen trage." Die Jünger fingen an zu weinen und riefen: „Wir wurden damit geehrt, deine Schüler zu sein und wollen keine Schatzkammer voller Edelsteine mehr haben." Als sie dies sagten, schloss sich die Schatzkammer wieder.

Die Jünger hatten sich von der Welt abgewandt und waren die Schüler Isas geworden. Zwei sich widersprechende Dinge können nicht zusammen sein. Genauso wie Licht und Dunkelheit oder Wahrheit und Lüge. Man muss sich für eines von beiden entscheiden und die Entscheidung muss mit dem Herzen getroffen werden. Der Prophet Muhammed sagt in einer bekannten Überlieferung sinngemäß: „Allah schaut nicht auf euer Äußeres, sondern auf eure Herzen und Absichten."

19. Seine Lebenszeit hat sich verlängert

Als der Prophet Isa eines Tages mit seinen Jüngern unterwegs war, trafen sie auf einen Gerber und grüßten ihn. Kurz danach kam der Erzengel Dschibrîl zum Propheten und sagte: „O Gesandter, dieser Gerber wird heute Nacht sterben und du sollst an seiner Beerdigung teilnehmen." Isa erzählte seinen Jüngern alles, und gemeinsam warteten sie auf die

Todesnachricht, um zur Beerdigung gehen zu können. Doch den ganzen Tag kam keine Todesnachricht an. Stattdessen kam der Engel Dschibrîl erneut und sagte: „O Gesandter, geht zum Ort, wo ihr den Gerber gestern gesehen habt, und schaut in seinen Korb." Der Prophet und seine Jünger eilten zum besagten Ort und sahen, wie im Korb eine tote, giftige Schlange lag. Isa fragte den Erzengel nach der Weisheit hinter diesen Geschehnissen und dieser antwortete: „Kurz nachdem ihr euch gestern vom Gerber verabschiedet habt, kam ein armer Bettler zum Gerber und bat ihn um Geld. Der Gerber gab ihm etwas von seinem Hab und Gut und deswegen hat Allah ihn vor der Schlange bewahrt und seine Lebenszeit verlängert." In einem Hadith heißt es sinngemäß, dass Almosen Unheil fernhalten und die Lebenszeit verlängern.

20. Mein Herr hat mich erzogen

Eine alte Frau wollte vom Propheten Muhammed ein Gewand, welches sie für die Verrichtung ihrer Gebete benötigte. Da der Gesandte Allahs zu diesem Zeitpunkt kein anderes Gewand hatte, zog er das Gewand aus, das er trug und gab es der alten Frau. Die Gebetszeit trat ein und der Prophet konnte nicht zur Moschee gehen. Seine Gefährten warteten und als er nicht kam, fingen sie an, sich Sorgen zu machen. Sie erfuhren von dem Vorfall und waren bereit, ihre ganzen Besitztümer den Armen zu geben. Zu dieser Zeit wurde dem Propheten ein Koranvers offenbart. In dem Vers heißt es sinngemäß, dass man nicht geizig sein, aber auch nicht so viel geben soll, dass man nicht zur Moschee gehen kann. Man soll den Mittelweg gehen. Nach dieser Offenbarung fingen die Menschen an, beim Spenden den Mittelweg einzuschlagen. Ali kam nach dieser Begebenheit zum Propheten und sagte: „Ich habe acht Dirham. Ich gebe dir vier, damit du dir damit ein Gewand kaufen kannst." Der

Prophet kaufte sich mit zwei Dirham ein Gewand und mit den übrigen zwei wollte er etwas für den Haushalt erwerben. Er schaute sich auf dem Marktplatz um und traf dort einen blinden Bettler. Der blinde Bettler rief: „Ist denn keiner da, der einem armen und blinden Mann ein Gewand schenken kann? Wer auch immer ein Paradiesgewand haben will, der möge, um das Wohlgefallen Allahs zu erlangen, mir ein Gewand geben." Als der Prophet den blinden Bettler sah und diese Worte hörte, zog er sofort sein Gewand aus und gab es dem Blinden. Der Blinde nahm das Gewand dankend an und fing an zu weinen. Er weinte, weil er durch den wohlriechenden Duft, der von dem Gewand ausging, erkannte, dass der Prophet ihm sein Gewand gegeben hatte. Er hob daraufhin seine Hände und sprach: „O Allah, ich bitte dich darum, mir wegen deiner Liebe zu demjenigen, der mir das Gewand gab, mein Augenlicht wiederzugeben."

Gerade als er dieses Bittgebet zu Ende gesprochen hatte, konnte er wieder sehen.

Der Prophet kaufte sich mit einem der zwei Dirham, die er noch hatte, ein neues Gewand. Als er den Marktplatz verlassen wollte, sah er ein weinendes kleines Mädchen. Er fragte sie, warum sie weinte. Sie erzählte ihm Folgendes: „Ich bin die Dienerin eines reichen Mannes. Er gab mir einen Dirham, damit ich ihm eine Flasche Öl kaufe. Ich kaufte die Flasche, doch auf dem Rückweg ging die Flasche kaputt, und das Öl lief aus." Der Prophet hörte dem Mädchen zu und sagte anschließend: „Hier, nimm diesen Dirham, und kauf damit eine neue Ölflasche, und bring sie deinem Herrn." Diese Geste erfreute das Mädchen zwar, aber sie sagte: „Das kann ich nicht tun, denn ich bin schon zu spät. Er wird jetzt bereits wütend auf mich sein."

Der Prophet entschied sich dafür, mit dem Mädchen zum Haus des Mannes zu gehen. Als sie dort ankamen, öffnete der

Mann die Tür und war überrascht darüber, den Propheten dort anzutreffen. Der Prophet begrüßte den Mann und sagte: „Ich bin hier, um dich darum zu bitten, mit diesem kleinen Mädchen nachsichtig zu sein. Sie hat, ohne es zu wollen, die Ölflasche zerbrochen."

Der Mann war bereits erstaunt darüber, dass der Prophet zu ihm gekommen war, aber der Grund dafür überraschte ihn noch mehr. Der Herr aller Geschöpfe stand wegen eines kleinen Mädchens vor seiner Tür. Dieses Verhalten beeindruckte den Mann so sehr, dass er den Islam annahm. Er erzählte seiner Familie von dieser Erfahrung und auch sie nahmen den Islam an. Das alles geschah nur aufgrund der vorzüglichen Charaktereigenschaften des Propheten. Denn der Prophet sagt: „Mein Herr hat mich erzogen."

21. Die Großzügigkeit des Propheten

Ein armer Nichtmuslim näherte sich eines Tages dem Propheten und sagte: „Ich bin sehr arm, bitte gebt mir etwas."

„In Ordnung. Siehst du dieses Tal dort drüben? Alle Schafe, die du dort siehst, sollen dir gehören" sagte der Prophet. Völlig überrascht schaute der arme Mann auf das Tal und die vielen Schafe. Er traute seinen Augen und Ohren nicht. Er drehte sich wieder zum Propheten um und sagte: „Mein Herr, bevor ich diese Schafe mitnehme, möchte ich noch etwas anderes mitnehmen. Ich möchte das Glaubensbekenntnis aufsagen und Muslim werden."

Der Prophet freute sich über seine Entscheidung. Der arme Mann konvertierte wegen der Großzügigkeit des Propheten. Danach nahm er die vielen Schafe mit und machte sich auf den Weg in sein Dorf. Als ihn die anderen Dorfbewohner sahen, waren sie schockiert. Wie konnte dieser Arme zu so viel Reichtum gelangen? Der jetzt reiche Mann bemerkte die verwunderten Blicke, stellte sich auf den Marktplatz und rief:

„Hört her! In meinem Leben habe ich viele Menschen getroffen. Aber gestern traf ich einen, der mir durch seine Großzügigkeit die Augen und das Herz geöffnet hat. Dieser Mensch ist der Prophet Allahs. Ich wollte Almosen von ihm und er gab mir diese große Schafherde. Geht und werdet alle zu Muslimen." Die Dorfbewohner beherzigten diese Empfehlung und besuchten nacheinander den Propheten. Sie alle waren von der Art und Großzügigkeit des Propheten überwältigt und wurden zu Muslimen.

Im Paradies gibt es einen Baum, der „Großzügig" heißt. Die Äste des Baumes sind auf der Erde. Jede Person, die die Äste dieses Baumes anfasst, wird durch die Berührung mit dem Baum zusammen ins Paradies gezogen. Möge Allah uns alle zu Großzügigen machen.

22. Bis auf zwei Stücke ist uns alles geblieben

In einem Hadithwerk[7] des Imam Tirmidhi wird folgender Hadith des Propheten überliefert. Dort heißt es sinngemäß, dass der Prophet seine Frau Aisha fragte: „Oh Aisha, was hast du mit dem Opfertier gemacht?" Aisha antwortete: „Ich habe alles weggegeben, Gesandter Allahs. Nur diese zwei Stücke sind uns geblieben."

Der Prophet sagte daraufhin: „Gut, also ist uns alles geblieben, außer diesen zwei Stücken."

Der Hadith verdeutlicht, dass das, was du verschenkst, bei dir bleibt, und du selbst behältst nichts, was bei dir ist.

---

[7] Hadîthe: Die Aufzeichnungen der Worte und Taten des Propheten Muhammed.

23. Wie wird ihr Ende sein?

Einmal kamen einige Gefährten zum Propheten und fragten ihn: „O Gesandter Allahs. Dort drüben wohnt eine alte Frau, die ihre Tage und Nächte mit vielen freiwilligen Gebeten verbringt, doch sie sagt sehr schlimme Dinge über die Menschen und bricht immer die Herzen anderer. Ihre Nachbarn sind wegen ihr schon weggezogen. Wie wird ihr Ende sein?"

Der Prophet antwortete: „Sie wird in die Hölle kommen, trotz ihrer vielen Gebete, denn Allah hat seine Zufriedenheit in die Zufriedenheit seiner Diener gelegt." Das bedeutet, wer die Diener Allahs zufrieden stellt, der stellt Allah zufrieden und wer sie verletzt, der zieht Allahs Zorn auf sich.

Anekdoten aus dem Orient

24. Verlangt nicht nach „Windhufe"

Der für seine Großzügigkeit bekannte Dichter Hatim al-Tai lebte vor dem Propheten. In dem Land, in dem er lebte, war es gängig, Pferdefleisch zu essen. Auch Hatim hatte viele Pferde. Eines seiner Pferde liebte er besonders. Es galt als wahres Prachtstück, hatte einen anmutigen Charakter, war gut gepflegt und wurde aufgrund seiner Schnelligkeit „Windhufe" genannt.

Der Herrscher der damaligen Zeit sah Windhufe bei einer seiner Reisen und hatte es auf das Pferd abgesehen. Er wollte es um jeden Preis haben. Um die Großzügigkeit von Hatim zu testen, beriet er sich mit seinen Beratern und klügelte einen Plan aus. Sie einigten sich darauf, dass sie zehn Männer schicken würden, welche versuchen sollten, Hatim das Pferd abzukaufen. Wenn Hatim das Angebot ablehnte, wäre dies ein Zeichen dafür, dass er nicht so großzügig war.

Die zehn Beauftragten machten sich auf den Weg zu Hatim. Bei ihm angekommen, nahm Hatim sie auf, obwohl sie sich nicht vorstellten. Er zeigte ihnen seinen Waschraum und gab ihnen neue Kleider. Zudem lud er sie zum Essen ein und schlachtete ein Pferd für sie, welches sie gemeinsam aßen.

Nach dem köstlichen Festmahl stellten sich die zehn Männer

vor und sagten dann: „Wir sind zu Euch entsandt worden, weil unser Herrscher Euch Euer berühmtes Pferd abkaufen möchte."

Hatim senkte seinen Kopf und seufzte tief. Als er seinen Kopf wieder hob, hatte er Tränen in den Augen und sagte: „Ach meine Herren. Ihr habt mit Eurem Wunsch in eine tiefsitzende Wunde gedrückt. Ihr habt mir jede Handlungsmöglichkeit genommen. Nehmt alles, was ich habe, aber bittet mich nicht, Euch Windhufe zu geben. Wenn Ihr wollt, stelle ich sogar mein Leben in den Dienst des Herrschers."

Die Beauftragten merkten, wie verbunden sich Hatim mit seinem Pferd fühlte und fragten: „Ihr geltet als sehr großzügig, aber wie kann es sein, dass Ihr bereit seid, Euer Leben anstelle dieses Pferdes zu geben? Das würde ja bedeuten, dass dieses Pferd mehr wert ist als Eure anderen Reichtümer und Euer eigenes Leben." Nach diesen Worten fing Hatim an zu weinen und entgegnete: „Nein, so ist es nicht. Als Ihr heute unangekündigt gekommen seid, waren alle meine Pferde an einem abgelegenen Ort. Ich hätte es bis zum Abend nicht geschafft, die Pferde hierherzubringen. Jegliches Übel wäre mir lieber gewesen, als meine Gäste, ohne etwas zu essen, ins Bett zu schicken. So war ich gezwungen, mein geliebtes Pferd Windhufe zu schlachten und es Euch anzubieten. Das Wohlbefinden meiner Gäste ist mir wichtiger als alles andere. Wichtiger als mein bestes Pferd, mein gesamter Reichtum und sogar wichtiger als mein eigenes Leben."

Die Gäste waren wie vom Blitz getroffen. Sie wussten, dass Hatim für seine Großzügigkeit bekannt war, aber mit so einem Verhalten hätten sie nicht gerechnet. Als wäre das noch nicht genug, gab Hatim den zehn Beauftragten bei ihrer Heimreise zehn Pferde und zehn Säckchen Gold mit.

25. Der großzügige Junge

Hatim al-Tai war bekannt für seine Großzügigkeit. Einmal fragten ihn die Leute: „Hast du jemals eine Person getroffen, die großzügiger war als du?"

„Ja, das habe ich." antwortete dieser.

„Wer war diese Person?" fragten die Leute weiter.

„Vor ein paar Jahren war ich als Gast bei einem Waisenkind eingeladen. Dieser Junge schlachtete zu diesem Anlass ein Schaf. Beim Essen gefiel mir eine Stelle des Schafes besonders. Ich sagte ihm dies. Plötzlich stand er auf und verließ den Raum. Eine Weile später kehrte er mit zehn Stücken meines Lieblingsfleisches zurück. Ohne mir etwas dabei zu denken und dankbar für diese Geste, aß ich das Fleisch. Am Abend wollte ich mich auf den Heimweg machen und sah vor der Haustür die Überreste mehrerer Schafe. Erstaunt fragte ich, ob er die zehn Schafe nur wegen mir geschlachtet hatte. Der Junge lächelte und sagte: „Subhanallah[8]. Da ist doch nichts dabei. Es hat dir etwas gefallen und ich hatte die Möglichkeit, dir noch mehr Freude zu bereiten, also habe ich noch mehr Schafe geschlachtet. Es wäre nicht fair gewesen, dir diese Schafe vorzuenthalten."

Die Leute hörten gespannt zu und fragten weiter: „Hast du dem Waisenjungen daraufhin auch etwas gegeben?"

Hatim antwortete: „Ja, habe ich, aber es war nicht so viel."

„Was hast du ihm gegeben?"

„Ich gab ihm dreihundert Kamele und fünfhundert Schafe als Geschenk."

Als die Leute dies hörten, sagten sie mit weit aufgerissenen Augen: „Ja, aber dann warst du ja wieder viel großzügiger als er."

---

[8] Gepriesen sei Allah.

Hatim schmunzelte und gab den Leuten eine Antwort, die sie ihr gesamtes Leben lang nicht vergessen sollten: „Nein, dieser Junge ist viel großzügiger als ich gewesen, denn er hat all seine zehn Schafe für mich geschlachtet. Ich dagegen habe nur einen Teil meines Besitzes gegeben. Ist es wertvoller, wenn ein armer Mann, der nichts besitzt, seinen gesamten Besitz anbietet oder wenn ein Reicher eins seiner hundert Kamele einem Gast schenkt?"

26. 50.000 Dirham Schulden

Der Gesandte Allahs saß eines Tages mit Abu Bakr und Ali in der Moschee, da betrat ein anderer Gefährte des Propheten die Moschee. Nachdem der Mann eingetreten war, wurde er kreidebleich. Es schien so, als wollte der Mann sich bei Ali nicht blicken lassen. Abu Bakr war verwundert über die Reaktion des Mannes und ging ihm besorgt hinterher. Er holte ihn ein und fragte, warum er so reagiert habe. Der Gefährte des Propheten schaute traurig zu Boden und sagte: „Ich schulde dem ehrenwerten Ali noch 50.000 Dirham und da ich nicht wollte, dass er vor dem Propheten nach dem Geld fragt, habe ich die Moschee verlassen." Nachdem der Gefährte des Propheten zu Ende gesprochen hatte, sagte Abu Bakr: „Lies die Hälfte der Fatiha, und ich gebe dir 25.000 Dirham und wenn du dann auch noch die andere Hälfte liest, dann gebe ich dir nochmals 25.000 Dirham." Der Gefährte traute seinen Ohren nicht und wurde überglücklich. Er las die Fatiha und konnte mit dem Geld seine Schulden begleichen. Die Fatiha ist viel wertvoller als alles Geld der Welt.

27. Bring mir jemanden, der dich kennt

Ein Mann legte in einem Rechtsfall neben dem Kalifen Umar Zeugnis ab. Doch weil der Kalif den Zeugen nicht kannte, bat er ihn darum, jemanden zu bringen, der ihn kannte und seine Rechtschaffenheit bestätigen konnte.

Kurze Zeit später meldete sich jemand beim Kalifen und sagte: „Ich kenne diesen Zeugen. Er ist ein gerechter und vertrauenswürdiger Mann."

Als der Kalif das hörte, fragte er: „Ist er ein Nachbar von dir, mit dem du die Tage und Nächte verbracht hast?"

„Nein."

„Hast du mit dem Zeugen Handel betrieben, sodass du seine positiven Eigenschaften sehen konntest?"

„Nein."

„Warst du mit ihm auf Reisen und konntest während dieser Reise seine lobenswerten Charaktereigenschaften kennenlernen?"

„Nein."

Nach der Verneinung all dieser Fragen wandte sich der Kalif zum potenziellen Zeugen um und meinte: „Dieser Mann kennt dich nicht. Geh und bring mir jemanden, der dich kennt."

28. Die nicht aufhörenden Kopfschmerzen

Ein Gefährte des Propheten kam zum zweiten rechtschaffenen Kalifen Umar und klagte: „O Umar. Ich habe fürchterliche Kopfschmerzen." Umar hörte ihm zu, ging in sein Zimmer, schrieb etwas auf ein Blatt und sagte: „Nimm dieses Papierstück und lege es auf deinen Turban, aber öffne es nicht, und lies nicht, was darin steht." Der Gefährte des Propheten befolgte die Anweisung des Kalifen und hatte plötzlich keine Kopfschmerzen mehr. Er erfreute sich seiner Gesundheit, aber nach einiger Zeit wurde er neugierig und fragte sich, was auf dem Papierstück stand. Eines Tages beschloss er, das gefaltete Papierstück zu öffnen. Er öffnete es und sah, dass auf dem Papier lediglich die Basmala-Formel stand. Obwohl er es schnell wieder gefaltet in seinen Turban legte, bemerkte er, wie seine Kopfschmerzen zurückkamen. Doch er blieb ruhig und dachte sich: „Die Basmala kann ich ja auch selbst schreiben." So schrieb er die Basmala-Formel auf ein neues Stück Papier und legte es auf seinen Turban. Doch anders als bei dem Papierstück des Kalifen wurden seine Kopfschmerzen nicht weniger. Schon nach kurzer Zeit suchte der Gefährte des Propheten verzweifelt Umar auf und erzählte ihm, was passiert war. Umar schimpfte ihn aus, und die Kopfschmerzen des Mannes hörten nie wieder auf.

29. Die fünf Säulen des Islam

Der zweite Kalif Umar benannte den Gefährten des Propheten Muadh ibn Dschabal zum Gouverneur eines Gebietes. Er sagte zu ihm: „Warte morgen an dem vereinbarten Platz auf mich. Ich werde dir beibringen, was einen guten Gouverneur ausmacht und wie man ein erfolgreicher Regierungsvertreter wird."

Als der vereinbarte Termin kam, trafen sich Umar und Muadh und ihnen hörten viele andere Anhänger des Propheten zu.

Umar hielt eine kurze Rede und sagte: „Muadh, du wirst jetzt Gouverneur und hast dadurch eine große Verantwortung. Verpasse niemals dein Gebet, faste im Monat Ramadan und zahle deine Zakat[9]. Wenn die Zeit für die Hadsch kommt, dann vollziehe sie und sprich das Glaubensbekenntnis. Wenn du diese Dinge einhältst, dann wirst du immer erfolgreich sein."

Muadh, der konzentriert zugehört hatte, antwortete: „O

---

[9] Almosensteuer

Führer der Gläubigen. Jeder weiß über die Dinge, die du erzählt hast, Bescheid. Das sind die Säulen des Islam, die jeder beachtet. Ich dachte, du wirst mich über Dinge aufklären, die ich noch nicht weiß." Umar antwortete: „Allah hat die Säulen des Islam auf fünf gesetzt und ich habe nicht vor, aus diesen sechs zu machen. Wenn du dich an die fünf Gebote hältst, wird es ausreichen."

30. Wasser in der Milch

Der zweite Kalif Umar zog während seiner Amtszeit in der Nacht um die Häuser von Medina, um zu sehen, ob alles in Ordnung war. In einer Nacht, als er seine Runde drehte, ging er an einem Haus vorbei, aus dem er laute Stimmen vernahm. Eine Mutter sprach zu ihrer Tochter:

„Kleines, gieße in die Milch, die wir morgen verkaufen wollen, etwas Wasser!"

„Aber Mutter, hat der Kalif nicht verboten, Wasser in die Milch zu mischen?"

„Kleines, wie soll der Kalif denn davon erfahren so spät in der Nacht? Der liegt jetzt in seinem Bett und schläft."

„Oh Mutter! Du sagst, der Kalif schläft und wird nichts davon erfahren, aber der allsehende und allhörende Allah sieht und hört uns, weißt du das denn nicht? Wir können vielleicht den Kalifen täuschen, aber wie willst du etwas vor Allah verstecken?"

Der Kalif war erstaunt über die Reaktion des Mädchens und erzählte die Geschehnisse seiner Frau. Er verheiratete seinen Sohn Asim mit diesem Mädchen und sie bekamen eine Tochter, die die Mutter des Kalifen Umar ibn Abdul Aziz wurde.

31. Die Person ist nicht irgendjemand

Ein Mann, der zur Herrschaftszeit des Kalifen Umar lebte, hatte eine Frau, die ihn immer wieder anschrie. Sie gab ihm die Schuld für alle Ereignisse, die ihnen widerfuhren und war immerzu bereit, einen Streit anzufangen. Der Mann war am Ende seiner Kräfte und entschloss sich dazu, den Kalifen persönlich aufzusuchen, um sich von ihm raten zu lassen. Er ging zu seinem Haus und hörte bereits vor der Tür das Gezeter einer Frau. Überrascht beschloss der Mann zu warten und erst einmal nicht anzuklopfen, bis das Gezeter verstummte. Als er merkte, dass der Wutanfall der Frau kein Ende nahm und der Kalif seiner Frau die ganze Zeit über zuhörte, entschied sich der Mann zu gehen. Gerade als er ein paar Schritte gemacht hatte, öffnete sich hinter ihm die Tür und der Kalif kam ihm entgegen.

Der Kalif sah den Mann und fragte: „Wer seid Ihr, warum wart Ihr vor meiner Haustür und weshalb geht Ihr gerade wieder?"

Überrumpelt von der Anwesenheit des Kalifen stammelte der Mann: „O ehrenwerter Kalif. Ich bin gekommen, um mich bei Euch über meine Frau zu beschweren und habe festgestellt, dass selbst der große Kalif geduldig ist und die Anschuldigungen seiner Frau erträgt. Als ich zu dieser Einsicht kam, wollte ich mich auf den Weg nach Hause machen."

Der weise Kalif äußerte die Worte: „Die Person, die mich anschrie, ist nicht irgendjemand. Sie ist die Frau des Hauses. Die Mutter meiner Kinder. Sie kümmert sich um uns alle. Sie macht uns Essen, wäscht unsere Kleidung und räumt uns hinterher. Es ist ihr gutes Recht, so mit uns umzugehen, und es gehört sich nicht, gegen so jemanden das Wort zu erheben."

32. Der Gast aus Ägypten

Ein in Ägypten lebender Imam hasste Imam Huseyn und lebte seine Feindschaft gegenüber ihm offenkundig aus. Eines Tages beschloss er, nach Medina zu reisen. In Medina angekommen traf er in der Prophetenmoschee Imam Huseyn und fing an, ihn zu beleidigen. Er schrie ununterbrochen und äußerte schlimme Schimpfwörter. Nach einer Zeit ging ihm die Puste aus, und er musste Luft holen. Imam Huseyn, der bis dahin nichts gesagt hatte, schaute ihn besonnen an und sagte mit ruhiger Stimme: „Du siehst wie ein armer, ermüdeter Reisender aus. Wenn du zu Ende geredet hast, dann komm zu mir nach Hause. Ich lade dich ein. Mein Haus ist groß, dort kannst du dich ausruhen, und ich gebe dir ein paar neue Kleider. Nach einem warmen Essen können wir dann auch über deine finanzielle Lage sprechen." Nachdem der ägyptische Imam diese unerwarteten Worte gehört hatte, sagte er die Basmala und setzte sich auf den Boden. Nach einem Moment stand er auf, drehte sich zu Imam Huseyn um und entschuldigte sich bei ihm. Imam Huseyn akzeptierte seine Entschuldigung und der Imam machte sich auf den Weg zurück nach Ägypten.

33. Ich bin doch vor dem Tod gekommen

Hasan al-Basri bekam Besuch von einem neunzigjährigen Mann. Er sagte zu ihm: „Ich möchte meine Sünden hinter mir lassen und den geraden Weg gehen." Hasan al-Basri antwortete scherzhaft: „Ist es dafür nicht ein bisschen zu spät?" Der Mann sagte: „Warum zu spät? Ich bin doch vor dem Tod gekommen." Die weisen Worte des alten Mannes beeindruckten Hasan al-Basri. Woraufhin er sagte: „Ihr habt recht. Wer vor dem Tod kommt, der kommt genau zur rechten Zeit."

34. **Damit mir Allah Reichtum schenkt**

Ein Mann kam eines Tages zu Dschafar as-Sadiq und sagte: „Mein Herr, ich bitte Euch darum, für mich zu beten, damit mir Allah Reichtum schenkt."

„Nein, das werde ich nicht tun", war die Antwort Dschafars. Als er daraufhin die verdutzten und fragenden Blicke des Mannes sah, führte er weiter aus: „Allah hat in diese Welt bestimmte Verhältnisse gesetzt. Es ist so vorgesehen, dass wir uns für unseren Lebensunterhalt und Wohlstand anstrengen, damit er ihn uns gewährt. Du möchtest diese Regelungen brechen, indem du ausschließlich betest. Somit hoffst du, dass dein Lebensunterhalt zu dir kommt. Ich werde das nicht unterstützen. Tu beides gleichzeitig. Geh hinaus, kümmere dich um die Ursachen und Gründe für deinen Wohlstand und bete zu Allah."

35. **Die Undankbarkeit gegenüber den Gaben**

Imam Dschafar as-Sadiq, der Enkel des Enkels des Propheten, saß an einem sonnigen Tag in Mina[10], aß Weintrauben und plauderte mit seinen Bekannten. Da näherte sich ihnen ein Bettler und bat sie um eine milde Gabe Sie boten dem Bettler ein paar Weintrauben an, aber dieser lehnte ab und bettelte um Geld. Dschafar sagte, dass sie kein Geld hätten, und so entfernte sich der Bettler von der Gruppe. Wenige Augenblicke später überlegte er es sich anders, kehrte zurück und fragte nach den Weintrauben. Der Imam schaute ihn an und sagte: „Für dich gibt es keine Weintrauben mehr. Geh weiter." Nach ein paar Stunden kam noch ein Bettler und auch er bat die Gruppe um eine Spende. Auch ihm boten sie Weintrauben an. Sichtlich erfreut nahm der Bettler die Weintrauben mit folgenden Worten an: „O Allah, wie gnädig und

---

[10] Mina ist ein Tal in der Nähe von Mekka.

spendabel du doch bist." Den Imam erfreute die Reaktion des Bettlers und er gab ihm noch mehr Weintrauben. Als der Bettler auch beim zweiten Mal Allah lobpreiste, wandte sich der Imam an seinen Freund und bat ihn um Geld. Der Freund hatte zwanzig Dirham bei sich, die er dem Bettler gab und als der Bettler weitere Lobpreisungen sprach, zog Imam Dschafar sein Gewand aus und gab auch dieses dem Bettler. Der Bettler bedankte und verabschiedete sich. Imam Dschafar wandte sich an seinen Freund und sagte: „Der erste Bettler war undankbar gegenüber den Gaben, die ihm gegeben wurden, sodass ihm die Gaben genommen wurden. Die Gaben des dankbaren Bettlers vermehrten sich jedoch durch seinen Dank. Allah sagt im Koran sinngemäß, dass er die Gaben der Dankbaren vermehren und die Gaben der Undankbaren entwenden wird."

36. Ich warte auf meinen Unterhalt

Eines Tages fragte Ibrahim ibn Adham seine Schüler, wo sich der Schüler Sakik al-Balchi befände. Die Schüler erwiderten, dass Sakik sich zurückgezogen habe, um Allah zu gedenken. Ibrahim suchte und fand seinen Schüler. Er fragte ihn nach dem Grund seiner Abgeschiedenheit. Sakik schaute ihn kurz an und antwortete dann: „Mein Lehrer, als ich durch die Wüste ging, sah ich einen verletzten Vogel. Die Flügel des Vogels waren gebrochen, und er konnte nicht fliegen. Ich fragte mich dann, wie es der Vogel geschafft hatte, in der Wüste zu überleben. Kurze Zeit später sah ich wie ein anderer Vogel kam und den verletzten Vogel mit einer Heuschrecke fütterte. Dann kam ein dritter Vogel und brachte dem verletzten Vogel Wasser. Nachdem ich das gesehen hatte, zog ich mich in die Moschee zurück. Ich brauche nicht mehr zu arbeiten, sondern warte auf meinen Unterhalt." Ibrahim schaute seinen Schüler mit ernster Miene an und entgegnete:

„Du sehnst dich also nicht nach einem gesunden Menschen, sondern nach einem verletzten Vogel in der Wüste? Verlasse sofort die Moschee und fang an, für deinen Unterhalt zu arbeiten."

37. Wem vertraust du?

Sakik al-Balchi sah in einer Zeit der Dürre, wie die Menschen ihre Hoffnung und ihren Mut verloren hatten. Die Menschen dachten tagtäglich über ihren schlimmen Zustand nach. An einem dieser schwarzen Tage bemerkte al-Balchi, wie der Sklave eines reichen Kaufmannes voller Freude auf der Straße tanzte. Erstaunt über sein Verhalten fragte al-Balchi diesen Sklaven: „Während alle vor Sorge und Hunger jammern und schlecht gelaunt sind, tanzt du glücklich auf der Straße. Was bringt dich dazu, so etwas zu tun?"

Der Sklave lächelte al-Balchi an und sagte: „Mein Besitzer ist der Eigentümer sieben großer Dörfer und er sorgt gut für uns."

Als der Gelehrte dies hörte, ging er zu seinen Schülern, die aufgrund der Dürre alle Hoffnungen verloren hatten, und sagte: „Rafft euch zusammen! Ich habe einen Sklaven getroffen, der sich freut und tanzt, weil sein Besitzer sieben Dörfer besitzt. Wie können wir uns also Sorgen um unseren Unterhalt machen, wenn wir an Allah dem Erhabenem glauben, der der Besitzer aller Dörfer und Städte ist und sich um jedes Lebewesen dieser Erde sorgt?"

38. Nur die haben gebetet

Der Kalif Harun ar-Raschid forderte an einem Ramadantag Bahlul Dana dazu auf, in die Moschee zu gehen und alle Menschen dort zum Fastenbrechen einzuladen.

Daraufhin ging Bahlul in die Moschee, betete das Abendgebet und ging mit fünf bis zehn Menschen zum Hof des Kalifen.

Als Harun die geringe Anzahl an Menschen sah, fragte er erschrocken: „Waren am Abend nur so wenige Menschen in der großen Moschee?"

„Ihr habt mir aufgetragen, nicht die Menschen, die in die Moschee kommen, zu rufen, sondern die betenden Menschen. So habe ich mich nach dem Gebet an die Eingangstür der Moschee gestellt und alle Menschen gefragt, welche Koranverse der Imam rezitiert hat. Diejenigen, die das wussten, stehen nun vor Euch. Zur Moschee gekommen sind viele, aber gebetet haben nur diese Menschen."

39. Ich habe mich fünf Minuten hingesetzt

Bahlul Dana fand den Thron des Kalifen eines Tages unbesetzt, nutzte seine Chance und setzte sich darauf. Er machte es sich gerade gemütlich, da sahen ihn die Palastaufseher. Nach einer Tracht Prügel zog sich Bahlul Dana in eine Ecke zurück und fing an zu weinen. Der Kalif Harun ar-Raschid kam in den Thronsaal und hörte das laute Schluchzen. Er entdeckte Bahlul in der Ecke und fragte ihn, warum er weinte. Bahlul antwortete erst nicht und weinte weiter. Die Palastaufseher kamen und sagten: „O Herr, dieser Mann hat eine große Respektlosigkeit begangen. Er hat sich in Eurer Abwesenheit auf Euren Thron gesetzt. Daraufhin haben wir ihn bestraft." Der Kalif runzelte seine Stirn und schalt seine Aufseher. Er hockte sich neben Bahlul nieder und sagte: „Bahlul, bitte verzeih mir. Weine nicht weiter. Meine Männer haben einen großen Fehler begangen. Sie hätten dich nicht so behandeln dürfen." Bahlul schaute mit seinen verweinten Augen zum Kalifen auf und sprach: „Ich weine nicht, weil ich geschlagen wurde. Ich weine um dich. Ich habe mich nur für fünf Minuten auf den Thron gesetzt und schau an, was mit mir passiert ist. Wie wird es dann wohl dir ergehen nach deinem Ableben?" Diese Frage traf den Kalifen wie einen Schlag. Er holte tief Luft, schluckte schwer und stammelte: „Du hast mich tief getroffen, Bahlul. Sage mir was ich tun soll. Gibt es noch Hoffnung für mich?" Bahlul wischte sich die Tränen aus dem Gesicht, stand auf und sagte mit ernster Mine: „Menschen wie du, die Verantwortung tragen, müssen folgende drei Bedingungen erfüllen, um errettet zu werden. Sie müssen gerecht sein und jeden gleichbehandeln, ganz egal ob es sich um ihre Familienmitglieder oder um Fremde handelt. Wenn ein Kalif oder Sultan vor dem Gesetz anders behandelt wird als ein einfacher Bauer, dann herrscht keine Gerechtigkeit. Die zweite Bedingung ist, dass sie niemandem das Herz brechen dürfen. Egal ob gläubig, nicht gläubig, arm, alt, reich oder jung. Das Herz eines Menschen zu brechen, ist eine schwere Untat. Die dritte und letzte Bedingung ist, dass die Verantwortlichen die Bitten und Wünsche der Menschen nicht ablehnen dürfen. Sie sollten immer großzügig sein."

40. Bleib von den Menschen fern

Harun ar-Raschid besuchte eines Tages das kleine Haus des Dichters Bahlul Dana. Er wollte ihn fragen, warum er so lange zurückgezogen gelebt hatte.

Bei ihm angekommen fragte er: „Warum meidest du die Menschen und hast dich so lange nicht im Palast blicken lassen?" Bahlul antwortete nicht und schwieg. Daraufhin bestand Harun darauf, dass er doch bitte mit ihm zum Palast kommen solle. „Ich muss mich beraten", sagte Bahlul und ging aus dem Haus in Richtung eines Müllhaufens in seinem Garten.

Harun war von seinem Verhalten überrascht und wartete. Eine kurze Zeit später kehrte Bahlul zu Harun zurück und sagte: „Ich habe mich beraten lassen. Sie empfehlen mir, nicht mit dir mitzugehen."

„Ich verstehe nicht. Von wem hast du dich beraten lassen und was empfehlen sie dir nicht?", fragte Harun mit einem verwunderten Gesichtsausdruck.

Bahlul äußerte die folgende Weisheit: „Der Müllhaufen sagte mir mit seinem äußeren Zustand: Mische dich nicht unter die Leute und meide sie. Sieh uns an. Wir waren frische, leckere Früchte. Einige waren frisch gebackenes Brot oder unwiderstehliche Fleischgerichte. Wir waren nur einmal unter Menschen und sind direkt zu dem jetzigen Zustand verkommen. Bleib wie du bist und halte dich fern von ihnen."

41. An das Verborgene glauben

Bahlul Dana war eines Tages gerade dabei, aus Sand und Stöcken ein Haus zu bauen, als Harun ar-Raschid ihn sah und fragte: „Was tust du, Bahlul?"

„Ich baue Häuser für das Paradies und verkaufe sie."

„Und für wie viel verkaufst du sie?"

„Für einen Goldtaler."

Harun ar-Raschid lachte und verließ den Ort, ohne weiter auf Bahlul einzugehen. Am nächsten Tag sah die Frau Harun ar-Raschids Bahlul erneut an der gleichen Stelle mit den Stöcken und dem Sand. Sie fragte ihn ebenfalls: „Was tust du, Bahlul?"

„Ich baue Häuser für das Paradies und verkaufe sie."

„Für wie viel verkaufst du sie denn?"

„Für einen Goldtaler."

„Ich hätte gern ein Haus im Paradies. Hier hast du einen Goldtaler."

An dem gleichen Abend träumte Harun vom Paradies und

sah darin einen riesigen, wundervollen Palast und fragte, wem dieses schöne Anwesen gehörte. Eine Stimmte sagte ihm, dass dieser Palast seiner Frau gehörte. Als er am Morgen erwachte, erzählte er seiner Frau von dem Traum und erfuhr, dass sie Bahlul einen Goldtaler gegeben hatte. Also machte sich Harun auf und suchte Bahlul auf. Er fand ihn erneut an derselben Stelle mit dem Sand und den Stöcken.

Er fragte ihn wieder: „Was tust du, Bahlul?"

„Ich baue Häuser für das Paradies und verkaufe sie."

„Für wie viel verkaufst du sie denn?"

„Für tausend Goldtaler."

Schockiert und verwirrt von dieser Antwort runzelte Harun die Stirn und sagte: „Gestern hast du meiner Frau ein Haus noch für einen Goldtaler verkauft, und jetzt möchtest du von mir tausend haben?"

„Deine Frau hat gestern das Haus gekauft, ohne es vorher gesehen zu haben, aber du willst es kaufen, nachdem du es gesehen hast. Deshalb sind die tausend Goldtaler eigentlich sogar zu wenig."

Es ist wichtig, ohne zu sehen, zu glauben. Am Anfang der Sure Bakara, wo die Guten gelobt werden, heißen sie sinngemäß: die an das Verborgene glauben.

42. Ein Glas Wasser

Imam Schibli war auf dem Weg zum Hidschaz[11] und reiste durch Bagdad. Als der damalige Kalif Harun ar-Raschid davon erfuhr, lud er ihn zu sich ein. Im Palast des Kalifen angekommen bat Harun den großen Gelehrten, ihm einen

---

[11] Hidschâz: Region an der westlichen Küste Arabiens, in der auch Mekka und Medina liegen.

Ratschlag zu erteilen. Imam Schibli bat daraufhin um ein Glas Wasser und fragte den Kalifen: „Wenn Ihr in der Wüste kurz vor dem Verdursten wärt und jemand zu Euch mit einem Glas Wasser kommen würde, wärt Ihr dazu bereit, dieses Glas Wasser gegen die Hälfte Eures Reichtums einzutauschen?" Der Kalif überlegte kurz und antwortete: „Natürlich würde ich das tun!"

Imam Schibli fuhr fort: „Nehmen wir an, Ihr habt dieses Wasser getrunken und könnt es aufgrund einer Krankheit nicht ausscheiden. Ihr findet einen Arzt, der Euch heilen kann, aber dieser will als Gegenleistung die andere Hälfte Eures Reichtums. Würdet Ihr dieses Geschäft mit dem Arzt eingehen?" Der Kalif antwortete, ohne zu zögern: „Ja, ja, natürlich!" Der weise Gelehrte hielt kurz inne und sagte in ernstem Ton: „Wenn das so ist, dann verlasse dich nicht auf deinen Reichtum. Denn er ist nicht mehr wert als ein Glas Wasser."

Die Worte des Gelehrten machten den Kalifen demütig.

43. Ich liebe dein Wasser

Einst wanderte ein Sklave durch die Wüste. Als er durstig wurde, suchte er rauf und runter nach Wasser und kam schließlich an eine Oase. Das Wasser, das er trank, schmeckte sehr süß. Da dachte er sich: Von diesem Wasser muss unser Kalif unbedingt kosten." Also füllte er seinen Krug voller Wasser und machte sich auf eine fünftägige Reise nach Bagdad, um dem Kalifen das Wasser zu bringen, das ihm selbst so gut geschmeckt hatte. Denn wie heißt es so schön: Allein schmeckt's nur halb so gut, und von diesem leckeren Wasser sollte sein geliebter Kalif auch unbedingt probieren. Mit dem Krug unterm Arm kam er schließlich in Bagdad an, und gerade in diesem Moment betrat auch der Kalif Ma'mûn die Stadt. „Nur einen Augenblick", rief der Sklave dem Kalifen zu, „genau Euch habe ich gesucht!"

„Inschallah[12] ist alles in Ordnung?", fragte der Kalif. „Was gibt es denn?"

„Ich habe Wasser aus einer Quelle probiert und war hin und weg, so lecker war es. Und genau dieses Wasser habe ich Euch mitgebracht. Ihr müsst es probieren!" Als der Kalif den Krug in die Hände nahm, war das Wasser bereits kochend heiß und voller Algen. Aber der Sklave hatte es dem Kalifen mit so viel Vorfreude gebracht, dass der Kalif „Allah, Bismillahirrahmanirrahim"[13] sprach und sich beim Trinken Augen und Nase zuhielt. Was blieb ihm auch anderes übrig? Sofort fragte der Sklave, wie es ihm geschmeckt hatte.

„Bei Allah, es schmeckt hervorragend", entgegnete der Kalif, „ich liebe dein Wasser. Einen Beutel voll Gold hast du dir auf jeden Fall dafür verdient." Er nahm ihm den Krug Wasser ab und sagte leise zu seinen Leuten: „Kippt dieses Wasser weg, bevor jemand davon trinkt."

„Aber Ihr habt doch davon genüsslich getrunken", erwiderten diese.

„Was blieb mir denn anderes übrig? Unsere Religion ist nicht dazu da, andere zu kränken. Damit er nicht traurig wird, habe ich mich dazu gezwungen."

44. Allah kann nicht mit dir zufrieden sein

Ein Mann wollte zum zweiten Mal auf die Hadsch gehen. Er ging zu Bishr al-Hafi und sagte: „Mein Herr, ich werde auf die Hadsch gehen, bitte betet für mich."

Bishr antwortete: „Aber du warst doch schon einmal da und hast deine Pflicht doch bereits erfüllt."

---

[12] So Allah will

[13] Mit dem Namen Allahs, des Gnädigen und Barmherzigen

„Ich gehe, um noch mehr fromme Taten zu verrichten und um die Zufriedenheit Allahs zu erlangen", entgegnete der Mann.

Bishr schwieg eine Weile und sagte dann: „Es ist schön, dass du die Absicht gefasst hast, die Zufriedenheit Allahs zu erlangen. Es gibt aber auch so viele Menschen in deiner Umgebung, denen du helfen könntest, um damit Allahs Zufriedenheit zu erlangen. Hier gibt es beispielsweise eine Witwe, die mehrere Kinder hat und deren Geld kaum zum Leben reicht. Außerdem lebt in der Nähe ein junger Mann, der heiraten möchte, aber nicht die nötigen finanziellen Mittel besitzt. Du kannst Allahs Zufriedenheit erlangen, indem du diesen Menschen hilfst. Was hältst du davon? Was sagt dein Herz dazu?"

Der Mann überlegte kurz und antwortete dann: „Mein Herz ist mehr dazu geneigt, auf die Hadsch zu gehen."

Bishr hatte mit dieser Antwort des Mannes gerechnet und entgegnete: „Daran siehst du, dass du eigentlich nicht auf die Hadsch gehst, um Allahs Zufriedenheit zu erlangen, sondern vielmehr, um deine eigene Zufriedenheit zu stillen. Du gehst aus egoistischen Motiven auf Pilgerfahrt, was wiederum zeigt, dass du dein Geld nicht mit reiner Absicht gewonnen hast. Damit kann Allah nicht zufriedengestellt werden, denn du hast dein Geld nicht mit reiner Absicht gewonnen und kannst es deshalb nicht ausgeben, um Allahs Zufriedenheit zu erlangen."

45. Meine Geliebte sieht mich

An einem heißen sonnigen Tag brachten mehrere Soldaten einen gesuchten Sträfling auf einen öffentlichen Platz. Der Sträfling hatte über mehrere Jahre viele schlimme Straftaten begangen, und dementsprechend musste seine Strafe streng und brutal ausfallen. Zwei Soldaten hielten den Mann fest, zwei andere entblößten seinen Oberkörper und fingen an, ihn auszupeitschen. Sie peitschten ihn so hart, dass sein Oberkörper zu bluten anfing. Doch die Menschenmenge wunderte sich, denn der Mann zeigte keinerlei Reaktion. Er ließ sich mit gesenktem Haupt auspeitschen, wehrte sich nicht und gab keinen Ton von sich. Nach einer gewissen Zeit waren die peitschenden Soldaten ermüdet und zogen sich für eine Pause zurück. Während dieser Zeit trat der Gelehrte Bishr al-Hafi aus der Menschenmenge hervor und näherte sich dem Sträfling. Er beugte sich zum knienden Sträfling nieder und flüsterte in sein Ohr: „Ich bin erstaunt über deine Widerstandskraft. Wieso reagierst du so besonnen?"

Der junge Sträfling schaute auf, blickte in die Augen des Gelehrten und sagte: „Ich kann nicht schreien, weinen und winseln, denn in der Menschenmenge befindet sich die Frau, die ich liebe. Sie schaut dem ganzen Geschehen gerade zu und sieht mich."

Als der weise Gelehrte diese Aussage hörte, schloss er seine Augen und sagte schmunzelnd: „Wisse mein Junge: Genauso wie deine Geliebte uns gerade sieht, so sieht uns Allah in jeder Sekunde. Warst du dir dessen denn niemals bewusst? Was wirst du sagen, wenn er dich nach deinem Tod fragt, ob du nicht auch ihm diese Liebe, Geduld und Besonnenheit entgegenbringen hättest können?"

Der Sträfling, der diese Worte hörte, konnte die tiefe Weisheit und Macht hinter ihnen nicht ertragen und fiel in Ohnmacht. Sein Körper hielt die vielen Peitschenhiebe aus, aber die Liebe und Scham, die er gegenüber Allah fühlte, konnte er nicht verkraften. Die Menschenmenge war entsetzt und verwundert. Die Soldaten, die den Sträfling festhielten, tasteten nach seinem Puls und bemerkten, dass er schon längst zu seinem Herrn zurückgekehrt war.

46. Wer Tiere täuscht...

Das Hadithwerk des Imam Buchari ist eine der wichtigsten Quellen nach dem Koran. Imam Buchari war bei der Sammlung und Überprüfung der Hadithe sehr sorgsam. Schon beim kleinsten Zweifel an der Authentizität eines Hadiths, nahm er diesen nicht mit auf. Sein Werk umfasst 7275 Hadithe.

Eines Tages hörte er von einem Mann, der viele Gefährten des Propheten getroffen hatte und als Hadithüberlieferer bekannt war. Wie gewohnt machte er sich auf den Weg, um ihn zu treffen und seine Hadithe zu überliefern. Von Weitem konnte er beobachten, wie der Mann versuchte, sein entlaufenes Kamel mit einem leeren Sack zu locken. Buchari drehte sich, ohne etwas zu sagen, um und machte sich auf den Heimweg. Zu Hause fragten ihn seine Studenten nach dem Grund für dieses Verhalten. Er sagte: „Auch wenn er viele Hadithe kennt und sie authentisch sein könnten, so nehme ich keine Hadithe von einem Mann, der sein Kamel täuscht."

47. Er hatte neunundneunzig Menschen getötet

Folgende Anekdote wird sinngemäß in den Hadithwerken Sahih al-Buchari und Sahih Muslim überliefert: Es gab einen Mann, der neunundneunzig Menschen getötet hatte und dies bereute. Dieser fragte einen Asketen: „Ich habe neunundneunzig Menschen getötet, wird Allah mir verzeihen?" Der Mann antwortete: »Nein!« Daraufhin tötete er auch den Asketen und vervollständigte damit die Zahl seiner Morde auf hundert.

Danach ging er zu einem anderen Gelehrten und fragte: »Ich habe hundert Menschen getötet, wird Allah mir verzeihen?"

„Ja! Nichts darf zwischen dir und deiner Reue stehen: Gehe nicht in dein Heimatland, denn da leben keine guten

Menschen. Begib dich in ein Land, wo gute Menschen leben."

Der Mann freute sich über diese Antwort und befolgte den Rat des Gelehrten. Er machte sich auf den Weg in ein anderes Land. Als er gerade die Hälfte des Weges hinter sich gebracht hatte, entstand ein Streit zwischen den Engeln der Barmherzigkeit und den Engeln der Bestrafung, wer die Seele entreißen sollte. Mitten im Streitgespräch kam ein anderer Engel als Richter und maß die Entfernung zwischen den zwei Ländern aus. Eine Handspanne war der Mann näher bei dem Land, in dem die guten Menschen lebten und so übernahmen die Engel der Barmherzigkeit seine Seele.

48. Der Asket und der Hund

Der berühmte Mystiker Bayazid Bistami widmete sich schon in jungen Jahren der Wissenssuche. Er besuchte in seinen ersten Lehrjahren die Gelehrten im Nachbardorf. Jeden Morgen stand er auf und machte sich auf den Weg zum Nachbardorf. Nach einiger Zeit fiel ihm auf, dass er jeden Tag unter einem großen Baum einen Hund sah. Dieser Hund lag jeden Tag an derselben Stelle und schlief. Als Bistami eines Morgens wieder an dem Baum vorbeiging, fragte er sich selbst: „Ich gehe jeden Morgen und Abend an diesem Baum vorbei und jedes Mal liegt dieser Hund an der gleichen Stelle. Warum liegt er da und wovon ernährt er sich? Wieso strengt er sich nicht an?" Plötzlich richtete sich der Hund auf und sprach zu ihm: „O Bistami! Beschäftige dich nicht mit Dingen, die dich nichts angehen, und steck deine Nase nicht in die Angelegenheiten anderer Leute."

Bistami wurde somit eine Lektion erteilt, die er nie wieder vergaß.

49. Die Bittgebete der Mutter

Bayazid Bistami arbeitete vierzig Jahre lang, um das Wohlgefallen Allahs, des Erhabenen, zu erlangen. Sein Lehrer empfahl ihm: „Geh zu deiner Mutter, kümmere dich um sie und bitte sie darum, für dich zu beten." Bayazid befolgte den Rat seines Lehrers und besuchte seine Mutter. Als die Mutter ihren Sohn fragte, warum er denn gekommen sei, sagte Bayazid: „Um dir zu dienen und deine Bittgebete zu bekommen." Daraufhin erhob die Mutter ihre Hände und betete: „Oh mein Herr! Bitte hilf meinem Sohn in allen Angelegenheiten und lass ihn seine Ziele erreichen." Durch dieses Bittgebet konnte Bayazid Bistami sein Ziel erreichen.

50. Auch wenn die Menschen es nicht sehen

Eines Tages ging Dschuneyd-i Bagdadi an den Strand. Dort sah er einen Feueranbeter, der die Fische fütterte. Dschuneyd wunderte sich und fragte nach dem Grund dieser Handlung. Der Mann antwortete: „Ich füttere die Fische, um meine guten Taten aufzustocken." Dschuneyd überlegte und sagte dann: „Damit deine guten Taten angenommen werden können, musst du zuerst Muslim werden. Du bist kein Muslim, von welchen guten Taten sprichst du also?"

Der Feueranbeter fütterte die Fische weiter und sagte: „Sieht der Allah, von dem du sprichst, denn nicht, dass ich diese Fische füttere?"

„Doch wahrlich, er sieht alles, was wir tun, und es gibt nichts, was er nicht weiß und nicht sieht", antwortete ihm Dschuneyd. Der Feueranbeter erwiderte daraufhin: „Es reicht mir, dass er das sieht."

Es vergingen einige Jahre und Dschuneyd war auf der Pilgerreise in Mekka und vollzog gerade den Tawaf[14], als er

---

[14] Das Umkreisen der Kaaba.

nicht weit entfernt den Feueranbeter sah, wie er ebenfalls den Tawaf vollzog. Dschuneyd näherte sich ihm und fragte erstaunt: „Was suchst du denn hier?"

„Er hat mich gesehen", antwortete der Feueranbeter. Auf die Nachfrage, wie er ihn denn gesehen hatte, fuhr der Feueranbeter fort: „Nachdem du gegangen warst, leuchtete in mir ein Licht auf und ich sah, wie alle Fische und Bäume das Glaubensbekenntnis sprachen. Also sprach auch ich das Glaubensbekenntnis. Dein Schöpfer hat mich gesehen und weil er alles sieht, bin ich hierhergekommen. Ich gebe dir einen Rat. Tu etwas Gutes und wirf es ins Meer, denn auch wenn die Menschen es nicht sehen, der Schöpfer sieht es."

51. Der Edelstein

Der Sultan Mahmut von Ghazni erhielt nach einem Feldzug einen Edelstein als Kriegsbeute. Er überreichte diesen seinem Großwesir und sagte: „Hier, nimm diesen Stein und zertrümmere ihn!"

Der Großwesir antwortete voller Erstaunen: „Aber mein Herr, dieser Stein ist sehr wertvoll, das kann ich nicht tun."

Danach forderte er von einem anderen Wesir dasselbe. Dieser wiederum sagte: „Der Stein ist sehr wertvoll, niemals würde ich ihn zertrümmern." Auch die anderen Wesire antworteten ähnlich.

Daraufhin rief er seinen Bediensteten Ayaz und sagte zu ihm: „Hier, nimm diesen Stein und zertrümmere ihn."

Ohne zu zögern zertrümmerte er den Stein, indem er ihn auf den Boden warf.

Der Sultan wurde sehr wütend und sagte: „O Ayaz! Was hast du getan? Alle Wesire haben auf den Wert des Steines hingewiesen. Wie konntest du ihn nur so eiskalt zerstören?"

Ayaz erwiderte: „O mein Herr! Welchen Wert hat schon so

ein Stein? Was für mich zählt, ist einzig und allein Euer Befehl. Lieber soll der Stein zerschmettern, als dass ich Euch gegenüber ungehorsam bin und Euer Herz breche!"

52. In der Gegenwart des Sultans

Ayaz bewegte eines Tages, als er im Dienste des Sultans stand, die Spitze seines Stiefels. Dies verwunderte den Sultan, da er von ihm bis zu diesem Zeitpunkt noch keinerlei Anstandslosigkeit vernommen hatte. Der Sultan wollte den Grund für diese Tat wissen und befahl einem seiner Beamten, Ayaz zu verfolgen. Ayaz begab sich an einen ruhigen Ort und zog seinen Stiefel aus. Aus dem Stiefel fiel ein Skorpion heraus, den Ayaz mit seinem Schuh zerdrückte. Er sprach: „Wegen dir habe ich heute meinen Anstand in der Gegenwart des Sultans nicht wahren können."

Der Beamte, der dies sah, teilte dem Sultan alles mit. Nachdem Ayaz zurückgekehrt war, sprach der Sultan zu ihm: „O Ayaz! Warum hast du dich heute derart verhalten?" Ayaz antwortete unterwürfig: „Fehler zu begehen, obliegt dem Diener. Diese Fehler zu verzeihen, ist dem Sultan vorbehalten."

Als der Sultan „Vom Vorkommnis mit dem Skorpion wissen wir Bescheid" sagte, antwortete Ayaz: „Wenn Ihr also davon Bescheid wisst, so lasst mich sagen: Ich bin einer, der von den Vorzügen Eurer Herrschaft profitiert. Der Skorpion hat meinen Fuß sieben Mal gestochen. Ich hielt diese Stiche jedoch aus und bewegte meinen Fuß nicht. Beim achten Mal verließ mich die Kraft, und ich musste meinen Fuß bewegen und mich somit rühren."

53. Versprochen, niemals zu lügen

Abdulkadir al-Dschilani hatte bereits als Jugendlicher einen unstillbaren Wissensdurst. Da sein Vater verstarb, als er noch ein Kind war, musste sich Abdulkadir um die Versorgung seiner Familie kümmern. Er sorgte sich um den Bauernhof seines Vaters und brachte die Kühe zum Weiden auf das Feld. An einem sonnigen Tag, als er sich wie gewohnt mit seinen Kühen auf dem Feld befand, hörte er eine Stimme: „Hey, Abdulkadir! Du bist nicht für diese Aufgabe auserwählt worden." Abdulkadir bekam Angst, lief zu seiner Mutter, erzählte ihr von der Stimme und forderte: „Mama! Bitte erlaube mir, nach Bagdad zu gehen, und mich dort dem Wissen zu widmen. Ich möchte die großen und frommen Gelehrten unserer Zeit kennenlernen." Die Mutter wurde sehr traurig, als sie den Wunsch ihres Sohnes hörte. Sie liebte ihn sehr und konnte sich ein Leben ohne ihn nicht vorstellen, aber letzten Endes willigte sie schweren Herzens ein. Abdulkadir bereitete sich vor und wollte sich auf den Weg machen, da umarmte ihn seine Mutter, schaute ihm tief in die Augen und sagte: „Abdulkadir, mein Junge! Wenn du nicht ausziehen würdest, um das Wohlgefallen Allahs zu erlangen, dann hätte ich dich nicht gehen lassen. Bitte pass auf dich auf, egal wo du hingehst. Wir werden uns vielleicht nie mehr wiedersehen. Bevor du gehst, habe ich noch eine Bitte an dich. Wenn du mich liebst, dann musst du mir versprechen, dass du nie lügen wirst. Weiche nie von der Wahrheit ab, denn Allah ist immer mit denen, die die Wahrheit sagen." Abdulkadir versprach seiner Mutter, nie zu lügen, und umarmte sie weinend. Anschließend nähte die Mutter vierzig Goldtaler in das Gewand des jungen Abdulkadir und sah nach kurzer Zeit mit tränenerfüllten Augen der Karawane hinterher, in der sich auch ihr Sohn befand. Nach zwei Tagen befand sich die Karawane mitten in der Wüste, als sie von einer Gruppe von Banditen angegriffen wurde. Die Banditen fesselten jeden Einzelnen und raubten die Menschen aus. Einer der Banditen näherte sich dem am Boden sitzenden, gefesselten Abdulkadir, beugte sich zu ihm herab und fragte in einem mürrischen Ton: „Und du, armer kleiner Wicht? Welche teuren Dinge trägst du bei dir?" „Ich habe nur vierzig Goldtaler dabei", entgegnete Abdulkadir selbstsicher. Da fing der Bandit an, laut zu lachen, weil er Abdulkadir nicht glaubte. „Dich Witzbold hebe ich mir für den Anführer auf", sagte er. Die Banditen brachten alles Erbeutete mit in ihr Lager. Dort erzählte der Bandit dem Anführer von Abdulkadir. Der Anführer ließ den Jungen zu sich bringen und musterte ihn mit strenger Miene. „Meine Männer behaupten, du hättest vierzig Goldtaler bei dir. Wo sind diese Goldtaler denn, Junge?" Abdulkadirs Antwort kam wie aus der Pistole geschossen: „Die Taler hat mir meine Mutter in mein Gewand eingenäht." Der Anführer drehte sich zu einem seiner Männer um und brüllte: „Durchsucht ihn!" Der Bandit durchsuchte das Gewand und fand die vierzig eingenähten Goldtaler. Alle, die das sahen, machten große Augen. Der strenge Gesichtsausdruck des Anführers verschwand, und er sagte verwirrt: „Du Narr! Warum hast du uns denn verraten, dass du das ganze Gold in deinem Gewand eingenäht bei dir trägst?" Abdulkadir schaute dem Anführer tief in die Augen und sagte stolz: „Als ich mich von meiner Mutter verabschiedet habe, habe ich ihr versprochen, niemals zu lügen. Warum sollte ich dieses Versprechen für vierzig Goldtaler brechen?"

Diese Antwort erweichte das Herz des Anführers. Er sah diesen jungen, sündenlosen Jugendlichen und sein heldenhaftes Versprechen und verglich es mit seinen eigenen schlimmen Taten, die er all die Jahre begangen hatte. Er begriff, dass er sich nicht einmal in diesen dunklen Tagen seinem Schöpfer zugewandt hatte, und fing an zu weinen. Sein Weinen wurde heftiger, er zitterte am ganzen Körper, drehte sich zu seinen Männern um und sagte: „Meine treuen Freunde! Hört mir gut zu. Ich habe all die Jahre ein Leben in Sünden geführt und nicht an Allah gedacht. Hiermit bitte ich Allah darum, dass er mir vergibt, und ich verspreche ihm, dass ich mich mit seiner Hilfe von nun an ändern werde. Ich möchte ihm dienen und sein Wohlgefallen erreichen." Seine treue Gefolgschaft war ergriffen von seinen Worten, und sie riefen wie aus einem Mund: „Du bist unser Anführer! Wir werden uns nicht von dir trennen. Du hast uns in Zeiten der Sünde angeführt, so führe uns auch in Zeiten des rechten Handelns!" Die Banditen gaben den Menschen die geraubten Güter zurück und Abdulkadir machte sich wieder auf den Weg nach Bagdad.

54. Die Liebe zur Welt

Maulana Dschalal ad-Din Rumi erzählte seinen Schülern eines Tages folgenden Vorfall: „Ein Mann hatte einen Packesel, den er sehr liebte. Nach einiger Zeit bekam dieser Packesel eine Wunde an seinem Rücken. Damit die Wunde verheilen konnte, trug der Mann einen Verband auf. Nachdem die Wunde verheilt war, versuchte der Mann den Verband vom Rücken des Esels zu entfernen. Der Verband war allerdings mit der neuen Haut zusammengewachsen, und beim Abnehmen löste sich auch die Haut des Esels. Der Esel schrie vor Schmerzen. Diese Wunde auf dem Rücken des Esels ist die Liebe zur Welt, und der Verband ist die Welt selbst. Wenn der Verband, also die weltlichen Dinge, abhandenkommen, dann schmerzt es denjenigen, der die Welt liebt, genauso, wie es den Esel schmerzte. Insbesondere schmerzt es denjenigen, wenn er stirbt. Stellt euch vor, wie groß der Schmerz sein muss in diesem Moment, in dem er alles verliert. Wie aber kann eine solche Wunde geheilt werden? Dafür gibt es nur ein Medikament: die Liebe zum Guten. Diese Art von Liebe ist die Heilung dieser Wunde.

55. Barmherzigkeit

Maulana Rumi gab einem seiner Schüler eine Münze und den Auftrag, ihm einen Laib Brot zu kaufen. Der Schüler kaufte das Brot und gab es seinem Lehrer. Rumi verließ daraufhin das Haus und ging mit dem Brotlaib in den Wald. Sein Schüler folgte ihm unbemerkt. Rumi ging in eine Höhle, wo eine Hündin mit ihren Welpen lag. Er fütterte die Hunde und wollte gerade die Höhle wieder verlassen, als er von seinem Schüler überrascht wurde. Der Schüler fragte: „Mein Lehrer, sagt mir bitte, warum Ihr so gehandelt habt." Rumi antwortete seinem Schüler mit einem Hadith des Propheten, welcher folgendes besagt: „Ich schwöre bei Allah, wer barmherzig mit Allahs Schöpfung ist, mit dem wird auch Allah barmherzig sein." Wer keine Barmherzigkeit besitzt, der wird nichts von der Barmherzigkeit Allahs erfahren.

56. Heyula wird nie gesättigt

An einem sonnigen Tag spazierte Maulana Rumi mit seinen Studenten im Wald. Dort sahen sie, wie zwei Hunde glücklich aufeinander lagen. Die Studenten freuten sich über diesen Anblick und sagten: „Wie gut diese Hunde miteinander auskommen." Maulana erwiderte: „Werft ihnen einen Knochen zu und seht, was dann passiert. Sie werden sich gegenseitig auffressen."

Die Triebseele des Menschen stammt von der Art des Heyulas ab. Heyula ist ein Tier, das nicht gesättigt werden kann. Es isst alles und wird nie satt, genauso wie die menschliche Triebseele. Die Triebseele kommt nie an den Punkt, an dem sie sagt: „Das reicht oder davon habe ich genug." Sie sagt immer nur: „Das brauche ich und das auch."

Je mehr man die Triebseele füttert, desto mehr will sie haben. Deshalb liegt Nutzen darin, den Appetit der Triebseele zu stoppen. Man darf niemals vergessen, dass die Triebseele zwei Ziele hat. Zum einen will sie Ruhm und zum anderen Reichtum. Sie ist beidem verfallen und möchte alles auf diese Ziele beziehen.

57. Wie kann man um so etwas bitten?

Als die Menschen Nasreddin Hodscha hörten, wie dieser dafür betete, dass Allah ihm seine Erschwernis nicht nehmen solle, waren sie schockiert und fragten ihn: „Wieso bittest du Allah um so etwas? Wie kann man nur für das Fortbestehen der Erschwernisse beten?"

Der Hodscha antwortete: „Allah gibt nach jeder Erschwernis Erleichterung und nach jeder Erleichterung erfolgt wieder die Erschwernis. Ich habe mich an die derzeitige Erschwernis gewöhnt und weiß nicht, wie die nächste Erschwernis aussehen wird. Ich habe Angst davor, die nächste Erschwernis nicht geduldig ertragen zu können, und deshalb bete ich dafür, dass diese Erschwernis bleibt."

58. Das erfundene Gedicht

In einem großen Reich gab es einen Sultan, der Aussprüche beim ersten Hören im Gedächtnis behielt. Dieser Sultan hatte zwei Wesire. Ein Wesir konnte sich Gesagtes nach zweimaligem Hören merken und der andere Wesir musste das Gesagte dreimal hören, um es behalten zu können.

Eines Tages lud der Sultan den berühmten Dichter Abdulbaki zu einer Audienz ein. Der Dichter trug dem Sultan als Zeichen seiner Dankbarkeit ein neu geschriebenes Gedicht vor. Dem Sultan gefiel das Gedicht, und er erlaubte sich einen Scherz. Er sagte zu dem Dichter: „Dieses Gedicht ist schön, aber es ist nicht neu. Hier in diesem Raum kennt es jeder. Oder dachtest du, dass wir es nicht kennen?"

Der Dichter war erschrocken und entgegnete: „Mein Herr, das kann nicht sein. Ich habe das Gedicht neu geschrieben und das erste Mal hier vor Euch vorgetragen. Es kann nicht sein, dass es irgendjemand außer mir kennt."

Ohne darauf einzugehen, fing der Sultan, der sich das Gedicht bereits gemerkt hatte, an, es zu rezitieren.

Als der Dichter dies hörte, war er erstaunt und traute seinen Ohren nicht. Den Sultan amüsierte die Reaktion des Dichters, sodass er noch einen draufsetzte: „Es kann ja sein, dass du mir nicht glaubst. Deshalb wird einer meiner Wesire das Gedicht nochmals vortragen."

Der Wesir, der das Gedicht jetzt bereits zweimal gehört hatte, rezitierte das gesamte Gedicht fehlerlos.

Der Dichter war sprachlos und hatte Angst, als Betrüger dazustehen. Der Sultan hatte aber noch nicht genug und sagte: „Damit du endgültige Gewissheit bekommst, lasse ich das Gedicht ein drittes Mal von einem anderen Wesir vortragen."

So rezitierte der dritte Wesir das Gedicht, das er bereits dreimal gehört hatte. Als auch dieser das Gedicht erfolgreich zu Ende gelesen hatte, fingen alle Anwesenden an laut zu lachen. Alle bis auf Abdulbaki. Da klärte der Sultan ihn auf und schickte den erleichterten Dichter mit Geschenken nach Hause.

59. Der Joghurt ist schwerer

Sultan Süleyman, der Prächtige, ließ mit seinem persönlichen Besitz die Moschee Süleymaniye erbauen, die den gleichen Namen wie er selbst trug. Als die Moschee fertig war, träumte der Sultan, wie ihm eine Waage gebracht wurde.

Auf der einen Seite der Waage war die Süleymaniye Moschee und auf der anderen Seite war ein Napf voller Joghurt. Die Seite mit dem Joghurt wog schwerer. Als er aufwachte, machte er sich auf und besuchte die Bauarbeiter, die die Moschee erbaut hatten, und fragte sie, ob ihnen etwas Ungewöhnliches aufgefallen war. Ein Bauarbeiter sagte: „Eine alte Dame kam eines Tages mit einem vollen Napf Joghurt und schenkte ihn uns. Sie sagte, dass sie nichts anderes habe, das sie uns geben könne." Dies zeigt, dass wenn etwas mit reiner Absicht getan wird, um das Wohlgefallen Allahs zu erreichen, dass es mehr wert ist als tausende von Goldmünzen, die nicht mit dieser Absicht gegeben wurden. Deshalb ist die Absicht hinter den Taten sehr wichtig.

60. Das Vorherbestimmte war noch nicht am Ufer

Fakirullah war der spirituelle Lehrer von Ibrahim Hakki Efendi.[15] Einmal gab er einem jungen Schüler einen Wasserkrug und schickte ihn zum Fluss, damit er ihm Wasser holte. Der junge Schüler ging zum Fluss und traf dort andere spielende Jungen. Die Jungen fragten ihn, ob er auch Lust habe, mit ihnen zu spielen. Der Schüler willigte ein, und sie vergnügten sich im Wasser. Der Mittag verging, und auch der Nachmittag neigte sich dem Ende zu. Der Junge hatte durch das ganze Spielen den Wasserkrug und seine Aufgabe vergessen. Erst als die Sonne unterging und die Kinder sich auf den Heimweg machten, wurde ihm seine Aufgabe wieder bewusst. Voller Trauer und Verzweiflung füllte er den Krug mit Wasser und rannte zurück zu seinem Lehrer. Als die anderen Schüler des Gelehrten den jungen Schüler sahen, schrien sie: „Wo warst du so lange? Wie konntest du unseren Lehrer warten lassen? Du bist ein Nichtsnutz, der Schläge

---

[15] İbrahim Hakkı Efendi (gest. 1781 Siirt) war ein türkischer Universalgelehrter und schrieb das berühmte Werk Marifetname.

verdient." Mit diesen Worten schlugen sie auf den jungen Schüler ein.

Fakirullah hörte die lauten Schreie und Rufe. Er lief hinaus zu seinen Schülern, hielt sie auseinander und sagte: „Hört auf damit. Was habt ihr euch dabei gedacht? Warum schlagt ihr ihn?" Die jungen Schüler sagten mit gesenkten und wütenden Blicken: „Der hat es verdient. Er hat Euch so viele Stunden warten lassen."

Der Gelehrte schaute seinen gepeinigten Schüler an, und dieser erklärte ihm, warum er zu spät gekommen war, dann drehte er sich wieder zu seinen anderen Schülern um und sagte: „Nein, er hat es nicht verdient, geschlagen zu werden. Ihr habt eine Sünde begangen und müsst euch bei ihm entschuldigen. Das Schicksal ist vorherbestimmt und niemand kann es ändern. Das Wasser, welches für uns bestimmt war, war zu der Zeit noch nicht am Flussufer angekommen. Allah hat euren Freund vergessen lassen und erst als der für uns bestimmte Teil des Wassers am Ufer ankam, füllte er den Krug mit Wasser und brachte ihn uns. Wie ihr seht, kann er nichts dafür. Vertragt euch also und tut so etwas nie wieder."

Die Geschichte verdeutlicht, dass der Lebensunterhalt und die Bestimmung eines jeden festgelegt sind. Kein Diener Allahs sollte sich um seinen Lebensunterhalt sorgen oder traurig darüber sein, was für ihn bestimmt ist.

61. Vertrauen an den Menschen

Der Gelehrte Maulana Halid ritt mit seinem Pferd von Bagdad nach Damaskus. In Damaskus angekommen sahen zwei Muslime das Pferd des Gelehrten und beschwerten sich beim Kadi: „Er hat uns unser Pferd gestohlen!" Als der Kadi Maulana mit dieser Anschuldigung konfrontierte, entgegnete dieser: „Ich habe dieses Pferd zwar aus meinem Stall genommen und bin damit hierher geritten, aber ich weiß auch, dass Muslime nicht lügen. Ich vertraue somit diesen zwei Muslimen und glaube ihnen. Allah ist über alles erhaben und hat die Macht, alles zu tun. Er hat vielleicht ihr Pferd in meinen Stall gestellt. Ohne dies zu wissen, habe ich das Pferd wie mein eigenes behandelt. Was auch immer die Entschädigung für dieses Pferd ist, ich werde sie bezahlen."

Als die zwei Muslime durch dieses Verhalten die Größe des Gelehrten erkannten, zogen sie die Anschuldigung zurück. Sie gaben zu, dass es nicht ihr Pferd war und bereuten ihre Aussage.

62. Selbst der Sultan kann nichts tun

Der Sultan Mahmut II. besuchte in Verkleidung ein Café und hörte, wie sich viele in diesem Café über den Teeverkäufer namens „Verstopfter Baba" unterhielten.

Der Sultan wurde neugierig und fragte den Teeverkäufer, woher dieser Kosename komme. Der Teeverkäufer antwortete: „Eines Abends habe ich in meinem Traum in einen verstopften Abfluss einen Stock gesteckt, um die Verstopfung zu beseitigen. Doch mein Stock zerbrach, blieb im Abfluss stecken, und das Wasser konnte gar nicht mehr abfließen. Ich erzählte das meinen Nachbarn und die gaben mir den Namen „Verstopfter Baba".

Dem Sultan gefiel die Geschichte und die Art des Teeverkäufers. Er winkte seinen Wesir zu sich und befahl ihm flüsternd: „Bringt diesem Mann einen ganzen Monat lang täglich eine Platte voll mit Baklava und platziert unter jedem Stück Baklava einen Goldtaler."

Daraufhin verabschiedete sich der Sultan und machte sich auf den Heimweg. Am nächsten Morgen brachte ein Bote dem Teeverkäufer das Blech mit Baklava. Der Verstopfte

Baba war überglücklich und entschied sich dazu, das Blech zu verkaufen, um sich damit etwas Geld zu verdienen. Er handelte auf dem Markt mit einem klugen Händler und verkaufte das Blech zu einem günstigen Preis. Der Händler ging daraufhin nach Hause und merkte beim Essen eines Stückes, dass unter jedem Baklava ein Goldtaler lag. Er staunte über seine Glückssträhne und begriff schnell, dass der Teeverkäufer über diese Goldtaler nicht Bescheid wusste. Am nächsten Tag ging der kluge Händler wieder auf den Markt und sah den Teeverkäufer mit einem neuen vollen Baklavablech. Ohne zu zögern, kaufte er auch dieses Mal das gesamte Blech und bezahlte mehr als am Tag zuvor. Dies wiederholte sich den ganzen Monat, wobei der Händler für das Baklavablech bei jedem Kauf etwas mehr bezahlte, sodass der Teeverkäufer dachte, er hätte ein gutes Geschäft gemacht.

Nach Monatsende besuchte der Sultan erneut das Café, wo sich der Teeverkäufer aufhielt. Er freute sich darauf, den nun frischgebackenen Reichen beglückwünschen zu können und dachte, er würde einen veränderten Teeverkäufer antreffen. Doch als der Sultan erfuhr, dass der Teeverkäufer all das Gold, ohne es zu wissen, verkauft hatte, wurde er traurig. Er lud ihn am nächsten Tag in seinen Palast ein und sagte: „Nimm diese Schippe und hebe eine Schaufel voller Gold aus meiner Schatzkammer. Egal wie viel Gold du dann auf der Schaufel haben wirst, es soll dir gehören."

Aufgeregt und voller Tatendrang packte der Teeverkäufer die Schaufel und steckte sie tief in den Haufen aus Goldtalern. Als er sie begeistert anhob, merkten er und alle Anwesenden, dass er die falsche Seite der Schippe benutzt und dadurch keinen einzigen Taler ausgehoben hatte. Die Zuschauer im Palast fingen an laut zu lachen, aber der Sultan hatte erneut Mitleid mit dem Teeverkäufer und sagte: „Das hat auch nicht geklappt, aber ich gebe dir noch eine Möglichkeit. Wir gehen raus auf meine Ländereien. Dort darfst du einen Stein werfen.

Die Ländereien, die zwischen dir und dem geworfenen Stein sind, schenke ich dir dann. Je weiter du wirfst, desto mehr wirst du also bekommen."

Begeistert und mit der festen Absicht, sich diese Chance nicht entgehen zu lassen, nahm der Teeverkäufer den Stein in die Hand und holte aus. Gerade als er werfen wollte, rutschte er aus und warf den Stein senkrecht nach oben. Der Stein flog in die Luft und kam senkrecht wieder hinunter. Er traf den Teeverkäufer am Kopf, welcher bewusstlos zu Boden fiel. Einer der Gehilfen eilte zu ihm und stellte fest, dass der Teeverkäufer verstorben war.

Kopfschüttelnd sagte der Sultan Mahmut: „Wenn der allmächtige Schöpfer nicht gibt, so kann der Sultan auch nichts tun."

63. Sie verfluchen mich nicht

Ali Pascha war ein sehr großzügiger Mann und verteilte an alle Menschen Essen. Zu ihm kamen Menschen aus allen Gesellschaftskreisen. Es kamen gute Menschen, aber die meisten waren Trinker, Räuber und Wegelagerer. Sie kamen aus allen Ecken des Landes, um sich bei ihm den Magen vollzuschlagen. Einer seiner Angestellten, der für ihn arbeitete und das Essen kochte, wurde irgendwann stutzig und sagte: „Mein Herr, es reicht. Lasst uns nicht mehr dieses stinkende Pack ernähren. Wie sollen deren Gebete uns denn nützen? Sie sündigen tagtäglich und ihre Mäuler stinken nach Alkohol."

Ali Pascha schmunzelte und sagte besonnen: „Ich habe eine Frage an dich. Die Menschen, von denen du sprichst, verfluchen sie uns, nachdem sie bei uns gegessen haben?"

„Nein", antwortete der Arbeiter verdutzt und Ali Pascha fuhr weiter fort: „Ich weiß nicht, ob ihre Bittgebete angenommen werden und uns nützen, aber was ich weiß, ist, dass Flüche angenommen werden, und es reicht mir, wenn sie mich nicht verfluchen."

64. Hochmut

Ein großer Gelehrter besuchte im Monat Ramadan ein Dorf, um zu predigen. Beim Betreten des Dorfes empfingen ihn viele euphorische Menschen. Als er dies sah, dachte er tief im Herzen: „Welch ein großer Gelehrter du doch bist. Schau dir die vielen Menschen an, die nur wegen dir hier sind." Als er sich seiner eigenen Arroganz bewusst wurde, holte er ein Stück Brot aus seiner Tasche und fing an zu essen. Als die Dorfbewohner sahen, wie der Gelehrte im Fastenmonat Ramadan vor den Leuten aß, waren sie bestürzt. Sie verfluchten ihn und verjagten ihn aus dem Dorf.

Seine Schüler erfuhren von dem Vorfall und fragten nach der Weisheit hinter seiner Handlung. Der Gelehrte antwortete ihnen: „Als die Dorfbewohner mich so empfingen, überkam mich Arroganz. Ich brach mein Fasten mit einem Stück Papier[16] und aß danach vor den Dorfbewohnern das Brot. Durch das Fastenbrechen mit einem Papierstück muss ich keine Sühne leisten. Auch wenn ich als Sühne einundsechzig Tage nachfasten müsste, so wäre die Strafe für das Fastenbrechen milder als die Strafe für meine Arroganz."

65. Der obdachlose Lehrer

Eines Tages sah ein junger wissbegieriger Student einen seiner alten Lehrer. Dieser angesehene Gelehrte hatte zu früheren Zeiten einen eigenen Lehrstuhl mit vielen Studenten

---

[16] Wer den Hunger und den Durst nicht aushalten kann, sollte sein Fasten brechen, indem er ein Papierstück oder ein rohes Reiskorn ohne Wasser schluckt. Danach kann er essen und trinken.

gehabt. Jetzt sah ihn der Student, in einem erbärmlichen Zustand, als Obdachloser in der Innenstadt von Bagdad herumlaufen. Dies machte ihn stutzig. Er sagte: „Darf ich fragen, wie Ihr in diese Lage geraten konntet?"

„Damit du dir ein Beispiel an mir nehmen kannst, werde ich es dir erzählen. Eines Tages besuchte mich ein Gast in meinem Haus. Es gab Fisch zu essen, und bevor ich den Fisch mit dem Gast teilte, nahm ich mir den saftigeren Teil des Fisches auf meinen Teller. Ich überließ dem Gast also den Teil mit den vielen Gräten. Wegen dieser Tat bin ich in diese schlimme Lebenslage geraten."

66. Bete lieber das Gebet nach

Ein Mann, der nach außen hin sehr fromm wirkte, aber viele heuchlerische Züge hatte, war eines Tages als Gast beim Sultan eingeladen. Als sie sich an den Esstisch setzten, aß der Mann viel weniger als sonst und beim Gebet betete er länger als üblich. Er wollte ein positives Bild beim Sultan hinterlassen.

Als der Mann wieder zu Hause war, bat er seinen Sohn darum, ihm Essen zuzubereiten. Der Sohn fragte verdutzt: „Du warst doch gerade zu Gast beim Sultan, hast du nicht an seinem Bankett teilgenommen?"

Der Vater antwortete: „Ich habe dort nicht viel gegessen, damit der Sultan und die anderen Leute nichts Falsches über mich denken." Der Sohn erwiderte: „Dann bete lieber auch das Gebet nach, Papa, denn du hast das Gebet dort bestimmt nicht mit reiner Absicht gebetet."

67. Sind wir nicht alle Brüder?

Ein reicher Sultan drehte ein paar Runden auf dem Marktplatz. Er sah in einer Ecke einen armen Bettler und gab ihm ein Goldstück. Der Bettler war sichtlich beeindruckt von diesem Geschenk, aber er wollte mehr. Bevor der Sultan weitergehen konnte, stand er auf, stellte sich vor den Sultan und sagte: „O Herr, wieso gebt Ihr Eurem Bruder so wenig?" Erstaunt fragte der Sultan: „Wie kommst du darauf, dass ich dein Bruder bin?" Der Bettler fragte etwas vorlaut: „Sind wir denn nicht alle die Kinder des Propheten Adam?" Wortgewandt wie der Sultan war, beugte er sich hinunter zum Bettler und flüsterte Folgendes in sein Ohr: „Wenn das so ist, dann pass nur auf, dass deine anderen Geschwister nichts davon mitbekommen, denn sonst würdest du nicht einmal dieses Goldstück behalten können."

68. Die jungen Bäume tragen jetzt schon Früchte

Ein Herrscher brach zusammen mit seiner Begleitung auf eine lange Reise auf. Auf seinem Weg sah er einen sehr alten Mann junge Bäume auf einem Feld pflanzen. Dieser Anblick amüsierte ihn. Er näherte sich dem alten Mann und sagte scherzhaft: „Onkel, warum gibst du dir beim Pflanzen dieser jungen Bäume so viel Mühe? Maschallah, du bist schon sehr alt. Vielleicht wirst du dich an den Früchten dieser Bäume nicht mehr erfreuen können."

Der alte Mann entgegnete: „Es ist nicht notwendig, dass wir von den Früchten dieser frisch eingepflanzten Bäume profitieren, mein Sohn. Genauso wie wir von den Früchten der Bäume essen, die die Generationen vor uns pflanzten, so sollen die nachkommenden Generationen die Früchte der jungen Bäume essen, die wir einpflanzen."

Der Herrscher war entzückt von der Antwort, holte aus seiner Tasche ein Säckchen voller Goldstücke und gab es dem alten Mann.

Der alte Mann lächelte, bedankte sich und sagte: „Siehst du, mein Sohn. Die frisch eingepflanzten Bäume tragen jetzt schon Früchte."

Erneut war der Herrscher von der Aussage des alten Mannes ergriffen und gab ihm noch ein Säckchen voller Goldstücke.

Sichtlich erstaunt über die Großzügigkeit des Herrschers sagte der alte Mann: „Mein Sohn, während die meisten Bäume einmal im Jahr gewinnbringende Früchte tragen, hat unser Baum bereits zweimal Früchte getragen."

Auch diese Antwort beeindruckte den Herrscher. Er war gerade dabei, dem alten Mann einen weiteren Goldsack auszuhändigen, als der Wesir des Herrschers folgende Worte sprach: „Mein Herr, lasst uns so schnell wie möglich von hier verschwinden, denn wenn das so weitergeht, wird der alte Mann die Staatskasse ruinieren."

69. Der Beduine

Ein Beduine lebte mit seiner Familie in der Wüste. Die Familie hatte einen Hahn, einen Hund und einen Esel. Der Hahn weckte sie jeden Morgen zum Gebet auf. Eines Morgens krähte der Hahn aber nicht. Die Tochter des Beduinen stellte fest, dass ein Fuchs den Hahn fortgeschleppt hatte. Die Familie wurde traurig. Als der Beduine das sah, sagte er: „Seid geduldig. Vielleicht ist das gut für uns." Es verging keine Woche, da wurden sie von einem wilden Wolf angegriffen. Die Familie konnte sich in Sicherheit bringen, aber der Wolf tötete den Esel. Der Tod des Esels setzte der Familie stark zu. Als der Beduine sah, wie traurig seine Frau und die Kinder waren, versuchte er, sie zu trösten, und sagte: „Bleibt standhaft. Vielleicht ist auch das gut für uns." Nach einer

Weile aber starb ihr Hund, der ihnen jahrelang als Beschützer gedient hatte. Die Tochter liebte den Hund sehr und weinte tagelang. Dieser Anblick brach dem Beduinen das Herz. Aber dennoch tröstete er die Familie und machte ihnen klar, dass in allen Ereignissen auch etwas Gutes steckte.

Eines Morgens kam ein besorgter Mann zum Rastplatz der Familie. Er erzählte ihnen, dass in der letzten Nacht eine Gruppe von Räubern die umliegenden Rastplätze überfallen hatte. Die Räuber hatten alle Personen gefangen genommen und alle Wertgegenstände gestohlen. Auf die Frage, wie die Banditen denn die Rastplätze ausfindig gemacht hatten, erklärte der Mann, dass das Bellen ihrer Hunde, das Krähen ihrer Hähne und das Schreien ihrer Esel die Aufmerksamkeit der Räuber auf sie gelenkt hatte. Als der Beduine und seine Familie dies hörten, sahen sie sich gegenseitig an und dankten Allah für alles, was ihnen in der letzten Zeit widerfahren war.

70. Welchen Wert hat das Sultanat im Traum?

Eines Tages ging der Sultan mit seinen Leibwächtern zum Wandern in die Berge. Als er sah, wie jemand unter einem Baum eingeschlafen war, sagte er zu seinen Leibwächtern: „Weckt diesen armen Mann auf, bevor ihn Räuber oder gefährliche Tiere überfallen." Die Leibwächter taten, was von ihnen verlangt wurde, und rüttelten den Mann wach. Dieser kam nur sehr langsam zu sich. Als er schließlich wach war und den Sultan vor sich sah, wurde er wütend: „Warum weckt Ihr mich? Ich hatte einen wunderbaren Traum, in dem ich ein mächtiger Sultan war. Mir gehörten große Paläste mit vielen großen Zimmern. Dort gab es große Buffets und ich lud jeden Tag viele Gäste zu mir ein, mit denen ich das beste Essen genoss. Ich war gefürchtet und hatte ein riesiges Heer, das mich achtete und liebte. Alles und jeder stand unter mir. Keiner traute sich ein Wort gegen mich zu sagen und ..."

Der Sultan unterbrach den aufgebrachten Mann lächelnd und sagte: „Ist ja alles schön und gut, was du da erzählst, aber du sagst es ja selbst. Es war alles bloß ein Traum. Welchen Wert hat es, in einem Traum Sultan zu sein? Siehst du nicht, wie alles ein Ende gefunden hat, nachdem du deine Augen geöffnet hast?"

„Mein Sultanat endete, als ich meine Augen öffnete, deines wird enden, wenn du die Augen schließt, wo ist der Unterschied?"

71. Nimmersatt

Ein armer Mann hatte es sich zur Gewohnheit gemacht, in den frühen Morgenstunden angeln zu gehen. Wie jeden Morgen machte er sich auf den Weg zum Hafen und warf seine Angelrute aus. Genau zu dieser Zeit war der Herrscher des Landes unterwegs. Er sah den armen Angler und machte ihm ein Angebot: „Guten Morgen, alter Mann. Lass uns eine Vereinbarung treffen. Den Fisch, den du als nächstes fängst, werden wir auf eine Waage tun, und ganz egal, wie viel der Fisch wiegt, ich werde dir sein Gewicht in Gold auszahlen." Der Angler war überrascht und beglückt zugleich. Er nahm das Angebot an und setzte sich an seine Angel. Nach einer Weile zuckte seine Angelrute und er zog sie ein. Was er vor sich sah, enttäuschte ihn sehr. Vor ihm lag ein dünnes kleines Knochenstück mit einem großen Loch in der Mitte. Der Sultan, der über diesen Anblick sichtlich amüsiert war, sagte lachend: „Da kann man nichts machen. Du hast nichts Schweres gefangen und damit wohl Pech gehabt."

Der Herrscher nahm den alten Mann mit zu seinem Palast, um ihn wie versprochen auszuzahlen. Beim Palast angekommen legten die Beamten des Herrschers das Knochenstück auf die eine Seite der Waage. Auf die andere Seite legten sie Goldmünzen. Sie legten zuerst nur ein paar Goldmünzen auf die Waage. Als sie sahen, dass sich die Seite mit dem Knochenstück nicht bewegte, legten sie zehn, zwanzig und schließlich fünfzig Goldmünzen auf die Waagschale. Doch zur Fassungslosigkeit aller Beteiligten rührte sich die Waagschale mit dem Knochenstück keinen Millimeter. Das Knochenstück müsste eigentlich das Gewicht von höchstens drei Goldmünzen haben, aber auf der Waagschale tat sich nichts. Die Beamten holten eine größere Waage und schleppten mehrere Säcke voll Gold heran, um sie auf die große Waagschale zu legen. Doch auch nach mehreren Goldsäcken tat sich nichts. Entsetzt und erschrocken über diesen Umstand, rief der Herrscher einen weisen Gelehrten zu sich und schilderte ihm die Situation.

Der weise Gelehrte nahm das Knochenstück in die Hand und begutachtete es. Nach kurzer Zeit blickte er mit ernster Mine den Herrscher an und sagte: „Dieser Knochen ist die Augenhöhle einer gierigen Person. Auch wenn ihr Eure gesamte Staatskasse auf eine Waagschale stellt und auf die andere Seite dieses Knochenstück, so wird sich die Waagschale mit dem Knochenstück nicht rühren, weil es nie satt werden wird. Nur eine Handvoll Erde wird dieses Stück sättigen."

Nachdem der Gelehrte die Beteiligten aufgeklärt hatte, legte einer der Beamten eine Handvoll Erde auf die Waagschale, und das Knochenstück bewegte sich nach unten. Der Herrscher hielt sein Versprechen ein und gab dem armen Mann die Goldsäcke.

72. Die Belohnung ist größer

Ein Student fragte einen Heiligen: „Mein Herr, welches Ereignis in Eurem Leben hat Euch in Bezug auf Aufrichtigkeit gegenüber Allah am meisten geprägt?"

„Ich verlor vor ein paar Jahrzehnten während meiner Pilgerfahrt meinen Geldbeutel und wartete darauf, dass mir meine Familie aus dem Ausland Geld schickte. Jedoch musste ich lange auf das Geld warten. In der Zwischenzeit wuchsen meine Haare. Ich machte mich auf den Weg zu einem Friseur und erklärte ihm meine Situation. Zum Schluss fragte ich ihn, ob er bereit wäre, mir meine Haare für das Wohlgefallen Allahs zu schneiden.

Während ich die Frage stellte, war der Mann gerade dabei, einem anderen Kunden die Haare zu schneiden. Er blickte mich plötzlich an, zeigte auf den freien Stuhl neben dem Kunden und sagte, dass ich mich setzen solle. Als ich mich hingesetzt hatte, fing er direkt damit an, mir die Haare zu schneiden, obwohl er mit dem anderen Kunden noch nicht fertig war. Der Kunde wurde wütend und beschwerte sich bei dem Friseur. Der Friseur begründete sein Verhalten folgendermaßen: ‚Es tut mir leid mein Herr. Eure Haare schneide ich für ein Entgelt, aber dieser Mann wollte, dass ich ihm die Haare für das Wohlgefallen Allahs schneide. Die Taten, die man für das Wohlgefallen Allahs begeht, haben Vorrang und können mit keiner anderen Tat gleichgestellt oder verglichen werden. Die Belohnungen, die man dafür bekommt, können von den Menschen nicht entschädigt werden.‘

Nachdem der Friseur fertig war, stopfte er mir gegen meinen Willen noch ein bisschen Geld in meine Tasche und sagte: ‚Hiermit kannst du dir das Nötigste kaufen. Es tut mir leid, mehr kann ich leider nicht geben.‘

Kurze Zeit später bekam ich mein Geld. Ich besuchte den Friseur und wollte ihm einen großen Geldbeutel geben. Doch der Friseur lehnte das Geld ab und sagte: ‚Ich werde das Geld nicht annehmen, denn wie ich bereits erwähnte, eine Tat, die man für das Wohlgefallen Allahs begeht, kann kein Mensch auf dieser Welt entschädigen. Nun geh mit dem Segen Allahs.'"

Nachdem der Gelehrte seine Anekdote zu Ende erzählt hatte, schaute er in das zufriedene Gesicht seines Schülers und sagte: „Dieses Ereignis ist jetzt vierzig Jahre her und seitdem stehe ich jeden Abend auf und bete für diesen Mann."

73. Die Quasselstrippe

Ein Mann aus Chorasan nahm sich vor, die Hadsch zu vollziehen. Die Dorfbewohner rieten ihm, auf seinem Weg in Bagdad anzuhalten und einen bekannten Heiligen zu besuchen. Der Mann machte sich auf den Weg und rastete in Bagdad, um seinen Segen zu erhalten. Dort angekommen, besuchte er den Heiligen und nahm an seinen Lehrzirkeln teil. Nach dem Unterricht fragte ihn der Heilige: „Wohin führt dein Weg, mein Junge?"

„Ich befinde mich auf der Durchreise und habe vor, dieses Jahr die Hadsch zu vollziehen", antwortete der Mann. Sichtlich erfreut über diese Antwort sagte der Gelehrte: „Das ist sehr schön. Möge Allah dich auf all deinen Wegen beschützen. Doch mache dich nicht alleine auf den Weg. Die Wege sind gefährlich, und es ist immer besser, wenn man mit mehreren Leuten unterwegs ist. Ich habe einen Studenten, der wollte auch die Pilgerfahrt vollziehen. Wie wäre es, wenn ihr euch gemeinsam auf den Weg macht?" Der Mann willigte ein und machte sich mit dem Studenten des Heiligen auf den Weg. Auf dem Weg fragte er den Studenten: „Wie heißt du?" „Ich bin Ali, der Sohn Ibrahims", antwortete der Student.

Es vergingen Tage, Wochen und Monate. Die beiden verrichteten die große Pilgerfahrt und machten sich auf den Rückweg. Als sie in Bagdad ankamen, freuten sich die Menschen dort und begrüßten sie mit offenen Armen. Der

Heilige fragte den Mann: „Und, wie hat sich mein Student gemacht? Wie findest du ihn?"

Der Mann runzelte die Stirn, überlegte kurz und antwortete: „Er war die meiste Zeit sehr zuvorkommend und hat mir immer geholfen, aber er ist eine echte Quasselstrippe. Er redet einfach zu viel. Ich habe ihn nach seinem Namen gefragt, und er hat mir auch den Namen seines Vaters genannt."

Unser Prophet sagte sinngemäß: „Der Anblick des Gläubigen ist vorbildlich, seine Worte sind weise und sein Schweigen ist der Ausdruck von Reflexion. Es ist unangebracht, dass ein Gläubiger Sinnloses spricht."

Derjenige, der schweigt, ist geschützt vor Fehlern, Lügen, Lästereien, Selbstlob, sinnlosem Gerede und vielen anderen Gefahren, die die Zunge mit sich bringt.

74. Die Gaben wertschätzen

Ein reicher Herrscher besaß einen Sklaven, mit dem er eines Tages ein Schiff betrat. Das Schiff holte den Anker ein und segelte los. Für den Sklaven war die Situation neu, und er bekam Angst. Vor Furcht fing er an zu schreien und zu weinen. Er kauerte in einer Ecke und zitterte am ganzen Körper. Niemand konnte ihn beruhigen, und sein Besitzer fing an sich aufzuregen. Da kam plötzlich ein weiser alter Mann und sagte: „Wenn Ihr es mir erlaubt, dann werde ich den Sklaven beruhigen." Der Herrscher war erstaunt über die Selbstsicherheit des alten Mannes und gestattete ihm, den Versuch zu wagen.

Der alte Mann befahl den Matrosen, den Sklaven über Bord zu werfen. Sie warfen den Sklaven über Bord, doch dieser konnte nicht schwimmen. Er schlug mit Armen und Beinen um sich und kämpfte um sein Überleben. Kurz bevor er ertrank, befahl der alte Mann den Matrosen, den Sklaven aus dem Wasser zu ziehen. Sie zogen ihn heraus. Der Sklave rannte in die Mitte des Schiffes und klammerte sich an einen Mast. Er schrie und weinte nicht mehr und blieb ganz ruhig.

Der Herrscher, der dies sah, drehte sich zum alten Mann um und fragte erstaunt: „Ich hätte nicht gedacht, dass er sich noch beruhigt. Wie ist Euch das gelungen? Woran liegt das?"

Der alte Mann streichelte seinen weißen Bart und antwortete: „Der Sklave kannte anfangs nur die Angst vor der Schiffsfahrt. Die Angst vor dem Ertrinken kannte er nicht und schätzte dadurch die Sicherheit des Schiffes nicht. Als er im Wasser um sein Leben gekämpft hatte, fing er an, die Sicherheit des Schiffes wertzuschätzen. So ist es generell mit dem Glück im Leben. Jemand, dem keine Mühseligkeiten und Probleme widerfahren, der weiß das, was er hat, nicht zu schätzen."

Der Fisch, der im Wasser lebt, weiß den Wert des Wassers nicht zu schätzen. Wenn er aber aus dem Wasser gehoben wird, dann tut er alles, um wieder ins Wasser zurückzukommen. So sind auch die Menschen. Die Gaben, die man hat, werden nicht wertgeschätzt, bis sie verloren gehen.

75. Sie heißt Leyla

Ein junger Mann verliebte sich auf den ersten Blick in ein Mädchen, das aber nichts davon wusste. Das Problem war, dass es sich bei dem Mädchen um die Tochter des Sultans handelte. Der Mann traute sich deshalb nicht, um die Hand des Mädchens anzuhalten. Lange behielt er den unerträglichen Liebeskummer für sich und trauerte allein, aber irgendwann hielt er es nicht mehr aus und entschied sich dazu, dem Imam alles zu erzählen.

Der junge Mann sagte: „Ich habe mich in die Tochter des

Sultans verliebt. Bitte helft mir und verheiratet mich mit diesem Mädchen."

Der Imam entgegnete: „Wenn du das tust, was ich dir sage, mein Junge, dann wird das nicht schwer werden."

„Ich werde alles tun, was Ihr wollt. Hauptsache Ihr verheiratet mich mit diesem Mädchen."

„Wie heißt das Mädchen denn, mein Junge?"

„Sie heißt Leyla."

„Bleib von nun an in dieser Moschee und verlasse sie nur für deine nötigsten Bedürfnisse. Rezitiere ansonsten die ganze Zeit ihren Namen. Wenn du in deiner Liebe aufrichtig bist, dann wirst du dich mit Leyla vereinen können."

Der verliebte Mann hielt nicht viel vom Rat des Imams, aber aus Verzweiflung tat er, was von ihm verlangt wurde. Nach kurzer Zeit machte eine Neuigkeit im ganzen Land die Runde. Jeder sprach von einem jungen Mann, der den ganzen Tag allein in der Moschee saß und Allahs Namen rezitierte. Diese Nachricht gelangte auch zum Sultan und dieser wurde neugierig. Er machte sich auf in das Dorf des jungen Mannes, um ihn zu besuchen. In der Moschee angekommen, näherte er sich dem Mann und sprach ihn an, aber der junge Mann ließ sich nicht ablenken und rezitierte leise weiter. Der Sultan war beeindruckt von dieser Hingabe und erzählte seiner Familie am Abend von dem Mann: „Da ist ein junger Mann, der sitzt den ganzen Tag in der Moschee und rezitiert Allahs Namen. Ich habe ihn besucht, und er hat nicht einmal den Kopf gehoben oder seine Augen geöffnet, um mich anzuschauen. Er hat mich zutiefst beeindruckt."

Leyla, die Tochter des Sultans war auch beeindruckt von der Erzählung ihres Vaters. Am nächsten Tag machte sie sich allein auf den Weg, um diesen jungen Mann persönlich kennenzulernen. Sie ging in das Dorf und fragte nach der Moschee. Vor der Moschee begegnete sie dem Imam und schilderte ihm ihr Anliegen. Der Imam führte sie mit einem Lächeln in die Moschee und sagte: „Ich bin hier, um dir eine frohe Botschaft mitzuteilen. Deine Leyla ist zu dir gekommen."

Der junge Mann hob seinen Kopf und machte die Augen auf. Er begriff, dass seine große Liebe Leyla vor ihm stand. Ihm wurde aber auch bewusst, dass er auch etwas anderes bekommen hätte, wenn er es gewollt hätte. Er entschied sich dazu, nicht um die Hand Leylas anzuhalten, und wurde stattdessen ein Schüler des Imams und ein geliebter Diener Allahs.

Man sagt, dass der Suchende sein Glück aber auch sein Unglück finden kann. Suchen heißt, etwas mit Aufrichtigkeit zu wollen und darauf hinzuarbeiten. Wenn man etwas gut machen möchte, dann muss man es regelmäßig und gut verrichten. Übung macht den Meister. Wer sich aufrichtig auf dem Weg Allahs bemüht, der wird Allahs Wohlgefallen erlangen. Der Mensch gedenkt denen, die er liebt und wenn der Mensch jemandem gedenkt, dann entsteht ein unsichtbares Band der Liebe zwischen diesen Personen. Deshalb müssen wir uns bewusst darüber werden, was wir suchen und was wir wollen.

76. Der Weisheitsvater

Ein Derwisch, der aus seiner Lebenssituation stets eine Weisheit zog, sagte ständig: „Auch hinter diesem Geschehnis verbirgt sich eine Weisheit."

Deshalb nannten die anderen im Dorf ihn Weisheitsvater, dachten, er wäre naiv und machten sich über ihn lustig. Ein paar Narren erlaubten sich einen Scherz mit ihm, nahmen ihm seine Kuh und banden sie an einen Baum im Wald.

Sie fragten sich: „Welche Weisheit wird er wohl jetzt

kundtun? Wird er in den Wald gehen, um seine Kuh zu suchen?"

Am Abend kamen die Rinder zurück, doch die Kuh des Derwisches war fort.

Die Narren beobachteten alles und erwarteten, dass der Derwisch nun entsetzt sein würde. Der Weisheitsvater aber empfand den Verlust seiner Kuh nicht als entsetzlich. Er sagte sich einfach: „Es steckt auch sicherlich eine Weisheit hinter dieser Sache."

Er holte seine Familie und suchte nach der verlorenen Kuh. Sie schauten auf allen Weidestellen nach, doch fanden sie nichts. Vom vielem Suchen wurden sie müde. Schließlich fanden sie die Kuh an einen Baum angebunden. Der Weisheitsvater freute sich und sagte: „Hinter dieser Begebenheit steckt sicherlich auch eine Weisheit. Wer bindet die Kuh eines Armen an einen Baum?"

Sie setzten sich auf die Wiese und schliefen vor Müdigkeit ein.

Am nächsten Morgen machten sie sich auf den Rückweg ins Dorf, aber als sie dort ankamen, waren sie schockiert von dem Anblick. Im Dorf hatte es ein großes Erdbeben gegeben. Viele Häuser waren zerstört und viele hatten ihre Familienangehörigen verloren.

Den Weisheitsvater machte dieser Anblick traurig und er sagte: „Seht, was der Schöpfer tut, denn was er auch tut, es ist gut. Er hat uns aus dem Dorf geholt und uns durch die angebundene Kuh gerettet."

77. Für die Eltern zu sorgen, ist verpflichtend

Zwei Brüder hatten eine pflegebedürftige Mutter und mussten sich um sie sorgen. Die Mutter konnte nicht aufstehen und lag den ganzen Tag in ihrem Bett. Die Brüder hatten eine Absprache, die besagte, dass sich beide jeden Tag abwechselnd um die Mutter kümmern mussten. Einer der Brüder war ein frommer Asket und liebte es, die Abende im Gebet zu verbringen, und deshalb sagte er öfter zu seinem Bruder: „Bitte pass du diese Nacht auf unsere Mutter auf, damit ich in Ruhe meine Gebete verrichten kann."

Der zweite Bruder widersprach dieser Bitte seines Bruders nie und kümmerte sich um die Mutter.

Eines Nachts betete der Asket bis in die Morgenstunden und schlief dabei ein. In seinem Traum sah er eine Lichtgestalt, die ihm sagte: „Deinem Bruder wurden all seine Sünden vergeben."

Dies überraschte den Asketen und er fragte: „Was ist mit mir? Wurden meine Sünden mir nicht vergeben?"

„Dir wurden deine Sünden auch vergeben, aber wegen deines Bruders", sagte die Lichtgestalt.

Der Asket, der so viele Tage und Nächte mit frommen Taten verbracht hatte, entgegnete: „Ich bete schon mein ganzes Leben jeden Tag viele Stunden, und mein Bruder passt nur auf meine Mutter auf. Warum wurde mir wegen ihm verziehen? Was ist der Grund?"

Die Lichtgestalt erteilte ihm die Lektion seines Lebens und sagte: „Allah hat die freiwilligen frommen Taten nicht zur Pflicht erklärt, aber für die Eltern zu sorgen, ist verpflichtend. Deine Mutter ist pflegebedürftig und dein Bruder hat sich um sie gekümmert. Er hat damit seine Pflicht erfüllt, und dir wurde durch ihn verziehen."

78. Der Mann, der den Teufel sehen wollte

Der Schüler eines Gelehrten war sehr neugierig und fragte sich stets, wie der Teufel wohl aussehe. Diese Neugier ging so weit, dass er seinen Lehrer darum bat, ihm zu ermöglichen, den Teufel sehen zu können. Der Gelehrte fragte: „Was hast du denn davon, den Teufel zu sehen? Verwirf diesen Gedanken lieber. Das ist nicht gut."

Doch der Schüler ließ nicht locker: „Bitte, bitte, ich möchte unbedingt den Teufel sehen. Betet dafür, dass ich ihn einmal sehen kann." Als der Gelehrte bemerkte, dass sein Schüler nicht nachließ, hob er seine Hände zu einem Bittgebet und sprach: „O Herr! Bitte zeige diesem Jungen den Teufel."

Ein paar Tage später verließ der Schüler nach dem Nachtgebet die Moschee und machte sich auf den Weg nach Hause. Als er an einer dunklen Nebengasse vorbeiging, hörte er die Stimme eines Mannes, der ihn zu sich rief. Er näherte sich der Person und sah in das Antlitz eines heruntergekommenen hässlichen Mannes mittleren Alters. Der Mann hatte angsterregende Augen und ein finsteres Gesicht. Der Schüler fragte ihn: „Wer bist du?"

„Ich bin der Teufel. Wegen dir musste ich den langen Weg auf mich nehmen und hierherkommen. Was willst du von mir? Wenn du nicht noch vierzig Jahre zu leben hättest, dann hätte ich dir jetzt auf der Stelle eine verpasst, sodass du stirbst." Nach einem kurzen Gespräch verließ der Schüler die dunkle Gasse und ging nach Hause. Dort dachte er über die Worte des Teufels nach. Er hatte noch vierzig Jahre zu leben. Diese Nachricht freute ihn. Er entschied sich dazu, zwanzig Jahre ein Leben in Sünde zu verbringen und die restlichen zwanzig Jahre um Vergebung zu bitten. Er sündigte zwanzig Jahre lang und genau an dem Tag, an dem er sich ändern wollte, starb er. Der Teufel hatte den Schüler angelogen. Der Schüler sah den Teufel nur einmal, aber dieses eine Mal reichte aus, um ihn vom rechten Weg abzubringen.

79. Bei uns essen Hunde keine Süßigkeiten

Ein Lehrer an einer Schule konnte in der Pausenaufsicht etwas Interessantes beobachten. Er sah, wie ein reicher Schüler in den Pausen immer sehr teure und leckere Süßigkeiten dabeihatte. Dieser reiche Schüler brachte jedes Mal Honig und andere Leckereien mit. Ein anderer armer Schüler dagegen hatte jeden Tag nur trockenes Brot zu essen. Der arme Schüler schaute stets mit eifersüchtigen Blicken auf die Süßigkeiten des reichen Schülers. Eines Tages hielt er es nicht mehr aus und fragte: „Kannst du mir auch etwas von den Süßigkeiten und deinem Honig geben?"

Der reiche Junge lächelte und sagte: „Natürlich kann ich das tun. Du musst nur wie der Hund aus unserem Dorf bellen, dann gebe ich dir etwas von meinen Süßigkeiten ab." Nach kurzem Überlegen willigte der arme Schüler ein und ahmte einen Hund nach: „Wuff! Wuff!" Als er bemerkte, dass der reiche Schüler ihm trotzdem nichts abgab, fragte er: „Wieso hältst du dein Versprechen nicht ein? Du wolltest mir doch etwas von deinen Süßigkeiten geben." „Tut mir leid, mein Freund. In unserem Dorf geben wir den Hunden weder Süßigkeiten noch Honig", antwortete der reiche Schüler und entfernte sich in Richtung Klasse.

Wir müssen in jedem Moment und in jedem Zustand dankbar für die Gaben Allahs sein. Wenn wir dankbar für alles sind, wird Allah seine Gaben vermehren. Wenn wir jedoch undankbar sind, kann Allah uns seine Gaben nehmen.

80. Ich komme bald wieder

Ein Mann lebte mit seiner Frau und seinen Kindern zusammen auf einem Bauernhof. Der Mann hatte außerdem noch einen alten Vater, der pflegebedürftig war. Nach einigen Jahren konnte es die Ehefrau des Mannes nicht mehr ertragen und sagte zu ihrem Mann: „Ich kann nicht mehr. Ich bin es leid, mich um deinen Vater zu kümmern. Steig bitte auf den hohen Berg nebenan und lass deinen Vater dort zurück."

Der Mann war zwar traurig, aber konnte seiner Frau nicht widersprechen. Er nahm seinen alten gebrechlichen Vater auf seine Schultern und trug ihn langsam auf den großen Berg. Dort angekommen, legte er ihn neben einen Felsen und sagte: „Vater, warte hier. Ich komme bald wieder zurück."

Doch der Vater hatte begriffen, was vor sich ging, und fing an, laut zu lachen. Dieses Verhalten verwirrte den Sohn, deshalb fragte er: „Was ist daran so witzig, Papa?"

„Ich weiß, dass du mich hier liegen lassen willst, mein Sohn, und ich lache über mein Schicksal, denn genau hier habe ich auch meinen eigenen Vater vor Jahrzehnten liegen gelassen", antwortete der alte Mann, dem jetzt die Tränen in den Augen standen. Nachdem der Sohn diese Worte gehört hatte, bekam er Angst, dass seine Kinder das Gleiche tun würden, bereute seine Tat und brachte seinen Vater wieder nach Hause. Er überredete seine Frau und pflegte seinen Vater bis an sein Lebensende.

81. Wo ist die Kaaba?

Ein alter Pilger war auf der Reise zu den heiligen Stätten und fragte auf dem Weg einen Mann nach der Richtung. Der Gefragte wusste den Weg zwar nicht, aber ließ sich dies nicht anmerken, deutete mit seinem Finger in irgendeine Richtung und antwortete: „Du musst in diese Richtung gehen."

Der Pilger bedankte sich und reiste weiter. Nach einem Monat kam er in Chorasan an und fragte die Bewohner: „Wo ist die Kaaba. Zeigt mir die Kaaba[17] damit ich die Tawaf[18] machen kann." Die Bewohner von Chorasan schauten den alten Pilger verdutzt an und fragten: „Was für eine Kaaba? Weißt du denn nicht, wo du gerade bist, alter Mann? Du bist hier in Chorasan."

Der alte Mann schrie auf, setzte sich auf den Boden und sagte weinend: „Ich bin schon sehr alt und habe eine lange Reise hinter mir. Mein letzter Wunsch war es, die Hadsch[19] zu vollziehen, aber ich kann mich nicht mehr von hier wegbewegen. Die Person, die mir den Weg zeigte, hat mich auf den falschen Weg gebracht. Statt in Mekka zu landen, bin ich in Chorasan gelandet."

Jeder Muslim ist auf so einer Reise mit einem klaren Ziel. Auf dieser Reise gibt es viele Abzweigungen und falsche Wege, die einen vom Ziel entfernen. Möge Allah uns davor bewahren, einen dieser falschen Wege einzuschlagen. Denn wenn man so einen Weg einmal eingeschlagen hat, dann vergeht das Leben, und man kommt am Ende nicht am Ziel an. Die Kaaba steht in dieser Geschichte metaphorisch für Allahs Wohlgefallen. Wie angebracht ist es, irgendeinen Dahergelaufenen zu fragen, wie man Allahs Wohlgefallen erlangt? Man sollte diejenigen fragen, die Wissen darüber besitzen.

---

[17] Kaaba: Das „Haus Allahs" in Mekka. Es ist der Zentrale Ort der Riten der Hadsch.

[18] Tawāf: Angefangen vom Hacer-ül-esved (Schwarzer Stein) die siebenmalige Umkreisung der Kaaba entgegen dem Uhrzeigersinn.

[19] Hadsch: Die Pilgerreise, einer der Pfeiler des Islam.

82. Du hast noch zweiunddreißig Zähne

Ein frommer Asket, der seine Tage und Nächte mit Beten verbrachte, hatte eines Tages Zahnschmerzen. Nach ein paar Tagen hielt er die Schmerzen nicht mehr aus – er konnte nicht einmal mehr beten. Er ging zu einem Zahnarzt und sagte: „Bitte tut etwas, damit diese Schmerzen aufhören." Der Arzt schaute den Kranken an und sagte: „Ich werde deine Zähne behandeln, aber was gibst du mir dafür?" Der Asket war bereit, all sein Hab und Gut herzugeben, doch der Arzt lehnte alle Angebote ab und sagte anschließend: „Ich möchte nichts Materielles von dir. Ich möchte die Belohnungen für all deine frommen Handlungen haben." Der Asket dachte: „Ich habe jahrzehntelang so viel gebetet und jetzt soll ich dies alles wegen Zahnschmerzen hergeben? Doch andererseits habe ich solche Schmerzen, wenn dies so weitergeht, dann kann ich nie wieder beten. O Allah, ich werde meine guten Taten hergeben und dann wieder anfangen zu beten. Du bist so barmherzig, wenn ich ihm meine frommen Taten gebe, dann gibst du uns beiden gleich viel." Nach dieser Überlegung willigte er ein und wurde vom Arzt behandelt. Nach der Behandlung wollte der Asket gerade gehen, als der Arzt sagte: „Warte. Du kannst nicht gehen. Du hast für einen Zahn all deine guten Taten hergegeben, aber du hast noch zweiunddreißig Zähne, zwei Augen und Ohren sowie andere Körperteile. Was wirst du für diese Körperteile geben, wenn sie krank werden? Hast du so viele gute Taten übrig?"

Die Geschichte zeigt auch, dass man von jedem etwas lernen kann und Frömmigkeit nicht auf bestimmte Menschen oder Berufsgruppe begrenzt werden kann. Der Arzt war in diesem Moment durch seine Einstellung frommer als der Asket.

83. Das Reiskorn und die Katze

Ein Mann aus Istanbul aß ein Reisgericht und verschluckte sich. Dabei blieb ein Reiskorn in seinem Hals stecken. Er versuchte mit allen Mitteln, das Reiskorn loszuwerden, aber schaffte es nicht. Zuletzt entschied er sich dazu, zum Arzt zu gehen. Die Ärzte untersuchten ihn und sagten: „Um dieses Reiskorn zu entfernen, müssten wir deine Luftröhre aufschneiden, doch das ist sehr riskant. Wir wollen diese Operation nicht machen. Geh am besten zu einem frommen Gelehrten. Der soll für dich Bittgebete sprechen und vielleicht wird dir das helfen." Daraufhin suchte der Mann einen Gelehrten aus seiner Nachbarschaft auf und erklärte ihm sein Problem. Der fromme Mann hörte ihm zu und sagte anschließend: „Mein lieber Freund. Dieses Problem kann ich nicht lösen. In Bagdad gibt es einen großen Gelehrten, geh und such am besten ihn auf."

Der Mann folgte dem Rat und gelangte nach einer wochenlangen Reise nach Bagdad. Dort suchte er den Großgelehrten auf und erzählte ihm von seinem Problem. Nachdem der Mann zu Ende erzählt hatte, schüttelte der Großgelehrte seinen Kopf und sagte: „Es tut mir leid, mein Lieber, doch die einzige Person, die dieses Reiskorn entfernen kann, befindet sich in Buchara." Völlig verwirrt und voller Angst vor seinem Schicksal verließ der Mann den Gelehrten und machte sich auf eine weitere mühselige Reise. Der Weg nach Buchara war noch anstrengender und der Mann gab dafür sein letztes Geld aus. Als er die Stadt erreichte, besuchte er ohne Umwege die Moschee des großen Gelehrten. Die Moschee war zu dieser Zeit gut besucht, denn der Gelehrte predigte von der Kanzel. Da der Mann keinen Platz fand, setzte er sich an den Eingang der Moschee und hörte dem Gelehrten aufmerksam zu. Nach einer kurzen Zeit bekam der Mann einen Niesanfall und beim letzten Niesen flog das Reiskorn aus seiner Luftröhre. Noch bevor er begreifen konnte, was geschehen war, rannte eine Katze herbei und aß das am Boden liegende Reiskorn. Überrascht und verwundert suchte er den Gelehrten nach seiner Predigt auf und fragte nach der Lehre dieses Geschehens. Der fromme Großgelehrte hielt kurz inne, schloss seine Augen und sagte dann schmunzelnd: „Wie es scheint, hat Allah auf dieses Reiskorn den Namen der Katze geschrieben und damit diese Katze dieses Reiskorn bekommt, hat er dich von Istanbul bis hierher kommen lassen. Da kann keiner etwas machen." Der Lebensunterhalt der Lebewesen ist festgesetzt und wird jeden Einzelnen finden, auch wenn er nicht danach sucht. Jeder wird nur den Lebensunterhalt erhalten, der für ihn bestimmt ist. Niemand kann den Lebensunterhalt eines anderen bekommen und niemand stirbt, bis er den für ihn festgesetzten Unterhalt bekommen hat.

84. Der Pferdedieb

Eines Tages schlenderte ein Vater mit seinem Sohn über einen vielbesuchten Marktplatz. Nach kurzer Zeit gingen sie über den Pferdemarkt und schauten sich die vielen Pferde und ihre Besitzer an. Plötzlich merkte der Sohn, wie der Vater ihn mit ernstem Gesichtsausdruck betrachtete. Der Sohn fragte: „Was ist los, Papa?"

Der Vater antwortete nicht sofort, sondern holte tief Luft und sagte dann: „Hör zu, mein Sohn. Ich bin ein berüchtigter Pferdedieb und habe bis jetzt mehr als vierzig Pferde gestohlen und verkauft. Siehst du den Mann da vorne, der auf dem Pferd sitzt? Ich habe auch viele seiner Pferde gestohlen. Doch obwohl ich so viel gestohlen habe, bin ich mit dir hier am Boden und der Mann sitzt immer noch auf einem prächtigen Pferd. Was ich dir sagen will, ist Folgendes: Das Klauen vermehrt den Besitz des Diebes nicht und macht den Beklauten nicht arm."

85. Der größte Dummkopf

Ein geiziger alter Mann lebte sein ganzes Leben in Armut. Eines Tages rief er seinen Sohn zu sich und sprach: „Mein Sohn. Ich habe zwei Säcke voll Gold. Ein Sack gehört dir und den anderen sollst du dem größten Dummkopf geben, den du findest."

Der Sohn konnte die Bitte seines Vaters nicht nachvollziehen, aber er wollte ihm dennoch nicht widersprechen und machte sich auf den Weg, um den größten Dummkopf des Landes zu finden. Er kam viel herum und fragte sehr viele Menschen, ob sie dumm seien, doch alle, die er fragte, beleidigten ihn oder sahen sich nicht als dumm. Natürlich hätten sich die Gefragten als Dummköpfe ausgegeben, wenn sie gewusst hätten, dass sie dafür einen Sack voller Gold bekommen würden, doch das verriet ihnen der Sohn nicht. Nachdem der Sohn in einem weiteren Dorf vergeblich den Dummkopf gesucht hatte, setzte er sich unter einen Baum und sah dort einen erhängten Mann baumeln. Er fragte die Dorfbewohner, wer dieser Mann sei. Sie sagten, dass dies der alte Wesir gewesen sei. Danach hörte der Sohn vom Dorf die Geräusche eines Festes. Er fragte die Dorfbewohner, warum dieses Fest veranstaltet wurde, und sie erklärten ihm, dass sie die Ernennung des neuen Wesirs feierten. Wie aus der Pistole geschossen lief der Sohn zum Fest, stellte sich vor den neuen Wesir und sagte: „Mein Vater hat mich geschickt, um dir diesen Sack voller Gold zu geben." Der Wesir nahm den Goldsack und fragte verdutzt: „Und womit habe ich das verdient?"

Der Sohn antwortete grinsend: „Mein Vater hat mich damit beauftragt, den größten Dummkopf des Landes aufzusuchen und dieser Person diesen Goldsack zu geben, und ich habe weit und breit keinen größeren Dummkopf als dich gesehen. Dort hinten am Baum hängt ein Mann, der dein jetziges Amt bekleidet hat, und höchstwahrscheinlich wirst du auch so enden, und dennoch bist du bereit, dieses Amt zu bekleiden."

86. Die Vorzüge des Eimers

Ein junger Mann hatte keine Arbeit und beschloss, sich eine Arbeit zu suchen. Er fragte beim Dorfältesten nach, und dieser bot ihm an, seinen Garten zu bewässern. Er nahm die Arbeit dankend an und bekam ein Seil, zwei Eimer und einen Stab. Am nächsten Tag fing er an zu arbeiten. Er füllte die Eimer an einem Brunnen mit Wasser auf, legte den Stab auf seinen Nacken, und an beide Enden hängte er jeweils einen Eimer. Er trug die vollen Wassereimer vom Brunnen zum Garten. Schon nach einer Stunde bemerkte er, dass der eine Eimer ein Loch hatte. Dadurch blieb nur die Hälfte des Wassers im Eimer, und die andere Hälfte ging auf dem Weg verloren.

Er ging mit zwei vollen Eimern los und kam mit anderthalb Eimern an. Doch der junge Mann beschwerte sich nicht und arbeitete zwei Jahre mit den beiden Eimern. Während dieser Zeit sprach der heile Eimer zum durchlöcherten: „Du taugst aber auch zu gar nichts. Die ganze Zeit mache ich die ganze Arbeit. Die Hälfte des Wassers, das du bringst, geht verloren. Du bist nur ein halber Eimer und ich viel nützlicher als du." Der durchlöcherte Eimer hörte sich die Beschimpfungen lange an, aber irgendwann konnte er es nicht mehr ertragen und sagte: „Ich kann nicht mehr. Ich gebe mir jeden Tag so viel Mühe und muss mir dennoch jedes Mal diese Beleidigungen anhören. Ich möchte nicht mehr so weitermachen. Entweder man repariert mich oder macht mich kaputt." Der junge Mann hörte die Klage des kaputten Eimers und sagte: „Heute nutze ich euch einmal nicht für die Arbeit, sondern nehme euch mit, um euch etwas zu zeigen." Er nahm die beiden Eimer und trug sie wie immer zum

Brunnen. Ohne sie aufzufüllen, ging er mit ihnen den langen Weg, welchen er jeden Tag durchschritt. Auf dem Weg sagte er: „Ich habe den kaputten Eimer jedes Mal auf meiner rechten Seite und den heilen auf meiner linken Seite getragen. Jetzt schaut auf die beiden Seiten des Weges. Auf der rechten Seite, wo das Wasser aus dem kaputten Eimer tropfte, seht ihr wunderschöne Blumen und Pflanzen. Die linke Seite dagegen ist trocken, kahl und leblos. Doch Menschen wie du, kaputter Eimer, die ihr Bestes geben und immer bescheiden bleiben, sind eine Bereicherung für ihr Umfeld und sich selbst. Du kannst dir selbst aussuchen, auf welcher Seite du stehen willst." Diese Worte berührten den kaputten Eimer so sehr, dass er am Ende sagte: „Es wäre wohl nicht schlecht, wenn du das Loch in mir noch mehr vergrößerst." Die Geschichte zeigt, dass arrogante Menschen schädlich sind und niemandem nutzen. Wenn ein Mensch erfolgreich ist, aber nichts gibt und verteilt, dann wisse, dass dieser Mensch ein schädlicher voller Eimer ist, von dem nichts zu erwarten ist. Wenn er dagegen offene Hände, also Löcher, hat, dann ist dies lobenswert.

87. Du musst niemandem einen Gefallen tun

In einem weit entfernten Dorf lebte ein weiser Gelehrter. Als er eines Tages mit seinen Schülern auf einer Wiese saß und redete, kam ein Mann vorbei und beleidigte den Gelehrten auf üble Art und Weise. Der Gelehrte sagte nichts und hörte nur zu. Irgendwann wurde es seinen Schülern zu viel. Sie sagten: „Geliebter Lehrer, das reicht, bitte sagt doch etwas gegen diesen Respektlosen!" Der Gelehrte sprach: „Wenn das, was diese Person über mich sagt, stimmt, dann bitte ich meinen Schöpfer um Verzeihung, und wenn es nicht stimmt und es sich um Verleumdungen handelt, dann bete ich darum, dass Allah ihm verzeiht. Unser Prophet Muhammed sagte sinngemäß: „Erwidere Gutes mit Gutem und Schlechtes mit

Vergebung." Beleidigt zu sein und Rache üben zu wollen, sind keine guten Eigenschaften.

88. Das glühende Holz

In der Nähe von Samarkand gab es einen frommen Gelehrten. Dieser Gelehrte hatte einen Schüler, der auch gleichzeitig ein Händler war. Irgendwann besuchte dieser Schüler die Wissensrunden des Gelehrten immer weniger, bis der Zeitpunkt kam, an dem er gar nicht mehr an ihnen teilnahm. Der Gelehrte machte sich Sorgen um seinen Schüler und fragte seine anderen Schüler nach ihm. Diese antworteten ihm: „Seine Geschäfte laufen gerade gut, und deshalb hat er keine Zeit mehr zu kommen."

Es brach der Winter herein, und es fing an zu schneien. Der Gelehrte entschied sich dazu, seinen Schüler aufzusuchen. Trotz der eisigen Kälte und der Schneemassen sprang er auf sein Pferd und ritt zu seinem Schüler, der in einem weit entfernten Dorf lebte. Dem Gelehrten war das Wohlergehen seines Schülers wichtiger als die Umstände. Als er ankam und an seine Tür klopfte, öffnete der Schüler ihm. Er sah seinen Lehrer und war erschrocken und beglückt zugleich. Er bat ihn herein und bereitete eine Mahlzeit zu. Im Zimmer gab es einen Kamin, in dem das Holz brannte. Der Gelehrte sprach, während er bei seinem Schüler war, kein Wort. Nach dem Essen beugte er sich zum Kamin, nahm ein glühendes Holzstück heraus und legte es auf eine Steinplatte neben sich. Der Schüler verstand im ersten Moment nicht, was sein Lehrer ihm damit sagen wollte. Das glühende Holzstück kühlte ab und wurde pechschwarz. Noch immer schwieg der Gelehrte, stand plötzlich auf und verließ die Wohnung. Gerade als er auf sein Pferd steigen wollte, lief sein Schüler ihm hinterher und rief: „Wartet. Ich habe meine Lektion gelernt. Ich werde mit Euch zur Schule kommen und sie nie wieder verlassen."

Was der Gelehrte mit seiner Tat verdeutlichen wollte, war Folgendes: Wenn jemand die islamischen Wissensrunden und Lesekreise verlässt, dann wird er irgendwann kühl und erlischt wie dieses Holzstück. Zum Schluss wird er pechschwarz und stellt sich auf die Seite der Ungebildeten.

89. Woher kommt das Geld?

Ein Schüler kam zu seinem Lehrer und sagte: „Mein Lehrer, ich habe etwas Geld angespart und möchte es spenden. Wem soll ich das Geld geben?" Sein Lehrer antwortete: „Geh in das Armenviertel und gebe das Geld der Person, die du als Erstes siehst." Der Schüler folgte dem Rat seines Lehrers und ging zum Armenviertel. Dort kam ihm ein blinder, armer Mann entgegen. Der Schüler gab dem Blinden das Geld und entfernte sich von dem Ort. Er freute sich darüber, dass er jemanden gefunden hatte, der das Geld gebrauchen konnte. Ein paar Tage später ging er wieder am Armenviertel vorbei und sah den Blinden mit einem anderen Bettler reden. Er näherte sich den beiden und hörte den Blinden sagen: „Vor ein paar Tagen stand ich hier, und du kannst dir nicht vorstellen, was passiert ist. Ein Mann kam und steckte mir sehr viel Geld in die Tasche. Das war wie ein Wunder. Ich ging mit dem Geld in die nächste Kneipe und machte mir einen schönen Abend. Nachdem ich sturzbesoffen war, ging ich mit dem Restgeld eine Wette ein und gewann noch etwas mehr. Heute Abend habe ich vor, wieder in die Kneipe zu gehen. Komm mit, wenn du möchtest."

Der Schüler traute seinen Ohren nicht. Sein Almosen wurde für unerlaubte Dinge ausgegeben. Er ging zu seinem Lehrer und erzählte ihm, was geschehen war. Der Lehrer hörte ihm geduldig zu. Nachdem der Schüler zu Ende erzählt hatte, gab der Lehrer ihm einen Geldbeutel und sagte: „Geh und gib diesen Geldbeutel erneut dem Ersten, den du im Armenviertel siehst."

Der Schüler nahm den Geldbeutel und ging zum Armenviertel. Dort angekommen sah er einen älteren Mann und gab ihm den Geldbeutel. Doch dieses Mal folgte er dem Mann unbemerkt, um zu sehen, für was das Geld ausgegeben wurde. Der Mann hatte eine Tüte in der Hand und durchschritt mehrere Gassen und Seitenstraßen. Vor einem kleinen heruntergekommenen Haus warf er die Tüte in den Mülleimer und war gerade dabei, in das Haus zu gehen, als der Schüler ihn zur Rede stellte: „Wartet. Es tut mir leid. Ich gab Euch zwar das Geld, aber habe Euch auch verfolgt, weil ich sehr gerne sehen möchte, wofür Ihr es ausgeben werdet. Könntet Ihr mir das sagen? Und was war in der Tüte, die Ihr weggeworfen habt, wenn ich fragen darf?"

Der überrumpelte Mann schloss zuerst traurig die Augen und sagte dann mit einem leichten Lächeln: „Ich wohne hier in diesem kleinen Haus mit meiner fünfköpfigen Familie. Ich habe eine liebenswerte Frau und drei kleine Kinder. Da ich keine Arbeit habe, hatten meine Familie und ich seit drei Tagen nichts zu essen. Ich bin zu stolz, um zu betteln, aber konnte das Weinen meiner Kinder nicht mehr aushalten. So habe ich mich heute Morgen aufgemacht und bei einigen Metzgereien nachgefragt, ob sie noch etwas für mich übrighatten. Sie gaben mir alte Überreste von Hühnern, die ich in dieser Tüte trug. Ich wollte diese Überreste zubereiten und den Kindern zu essen geben. Doch dann hat Allah dich geschickt und mir dieses Geld zukommen lassen. Jetzt wollte ich nach Hause, um meiner Frau und den Kindern diese frohe Botschaft zu übermitteln. Die Essensreste habe ich nicht mehr gebraucht und deshalb weggeworfen."

Der Schüler ging völlig irritiert zurück zu seinem Lehrer und erzählte ihm, was geschehen war. Der Lehrer sagte: „Der große Gelehrte Abu Hanifa sagte einmal, dass man an der Art und Weise, wie das Geld ausgegeben wird, erkennt, wie und woher das Geld erworben wurde. Wie hast du dein Geld erworben?"

Der Schüler wurde knallrot und schämte sich, denn er hatte sein Geld auf unerlaubte Weise erworben. Deshalb war sein Almosen auch von einem Bettler für Unerlaubtes ausgegeben worden. Das Geld des Lehrers dagegen war auf erlaubte Art und Weise verdient und kam einer hilfsbedürftigen Familie zugute.

90. Die alten Socken

Eines Tages sprach ein alter Mann zu seinem Sohn: „Sohn, ich bin alt, schwach und gebrechlich geworden. Bevor ich sterbe, bitte ich dich um zwei Dinge. Wenn ich sterben sollte, so ziehe mir vor meiner Beerdigung diese alten Socken an. Diese Socken haben mir im Leben immer Glück gebracht, vielleicht helfen sie mir auch im Jenseits. Meine zweite Bitte ist, dass du diesen verschlossenen Brief dem Imam gibst, falls er das nicht zulässt."

Es kam der Tag, an dem der alte Mann verstarb und der Sohn die Bitten einlösen musste. Er sagte zum Imam: „Wir müssen meinem Vater auf jeden Fall diese alten Socken anziehen, bevor wir ihn beerdigen!" Als der Imam dies hörte, schüttelte er den Kopf und sagte: „Das geht nicht. Die Vorschriften sehen vor, dass der Tote nur mit seinem Totengewand beerdigt werden darf."

Der Sohn wurde traurig und beharrte vergeblich darauf, die Bitte seines Vaters einzuhalten. Nach der Beerdigung holte der Sohn den Brief des Vaters aus seiner Tasche und gab ihn dem Imam. Darin stand: „Mein Sohn! Wie du siehst, konnte ich trotz meiner vielen Reichtümer nicht einmal meine alten Socken ins Grab mitnehmen. Gewiss wirst du eines Tages auch wie ich sterben. Sie werden dir auch nicht mehr als ein Stück weißes Tuch mitgeben. Nutze das Geld, dass ich dir vererbt habe, gescheit, und überlege dir gut, wofür du es ausgibst. Vernachlässige deine Pflichten nicht, und verrichte sie auf die beste Art und Weise. Du wirst bis auf deine guten Taten nichts mit ins Grab nehmen können."

91. Es kommt immer schlimmer

Ein Mann namens Mehmet wurde von seiner Arbeitsstelle entlassen. Als er nach Hause kam und davon erzählte, warf ihn seine Frau aus dem Haus. Da er keinen Ort kannte, den er aufsuchen konnte, ging er zur Lehrstätte seines Lehrers. Zu der Zeit saß der Lehrer in einem Lesezirkel mit seinen Studenten und trank Tee. Er sagte gerade Folgendes: „Es geht immer schlimmer. Der Mensch muss dankbar und zufrieden sein mit dem, was er hat." Mehmet dachte: „Natürlich bedankst du dich für das, was du hast. Schau dich mal an. Du sitzt im Warmen mit deinen Studenten, die dir die ganze Zeit Tee nachschenken. Was soll ich sagen?"

Der Lehrer spürte den Unmut in Mehmets Herzen und sagte: „Mehmet, sei auch du dankbar für deine Situation. Es gibt Schlimmeres." Als Mehmet das hörte, hielt er es nicht mehr länger aus und erzählte, dass er seine Arbeit verloren hatte und aus dem Haus geworfen worden war.

Ohne näher darauf einzugehen, wiederholte der Lehrer: „Es gibt Schlimmeres. Sei trotzdem dankbar für alles."

Mehmet konnte sich eine schlimmere Situation nicht vorstellen. Als es spät wurde und die Nacht hereinbrach, ging jeder nach Hause. Mehmet ging mit der Hoffnung, dass seine Frau ihm verziehen hatte und ihn ins Haus lassen würde. Er klingelte und klopfte an der Tür und bat: „Lass mich bitte herein. Mir geht es miserabel." Aber seine Frau antwortete nicht. Am Boden zerstört und halb erfroren setzte Mehmet sich in eine trockene Ecke. Während er vor Kälte zitterte, wurden zwei Polizeibeamte auf ihn aufmerksam und weil ein paar Stunden zuvor eine Straftat begangen worden war, verdächtigten sie Mehmet und nahmen ihn mit aufs Revier. So kam es, dass Mehmet den Abend mit anderen Straftätern im Gefängnis verbrachte.

Der Lehrer erfuhr von dem Vorfall und kam Mehmet besuchen. Noch bevor er fragen konnte, wie es ihm ging, schrie Mehmet: „Wie konnte mir das alles passieren? Erst verliere ich meine Arbeit, dann wirft mich meine Frau aus dem Haus und jetzt ...“

Der Lehrer unterbrach Mehmet: „Es gibt Schlimmeres.“

Mehmet hielt es nicht mehr aus: „Hodscha, ich konnte mich, glaube ich, nicht deutlich genug ausdrücken. Ich bin unschuldig und mir wird vorgeworfen, eine Straftat begangen zu haben.“

Der Lehrer verließ daraufhin, ohne etwas zu sagen, die Strafanstalt. An diesem Abend brach im Gefängnis eine Schlägerei aus. Mehmet, der nichts mit der Sache zu tun hatte, verzog sich in eine Ecke. Die Aufseher schlichteten den Kampf und fragen nach dem Grund. Die schuldigen Häftlinge aber schoben alles dem armen Mehmet in die Schuhe. Voller Wut schlugen die Aufseher auf Mehmet ein und sperrten ihn in eine Einzelzelle.

Am nächsten Morgen wachte Mehmet in seiner Einzelzelle auf, sah seinen Lehrer vor sich und fing an zu weinen. Er erzählte ihm, was geschehen war, aber der Lehrer sagte erneut: „Es gibt Schlimmeres. Sei geduldig.“

Erschrocken über diese Antwort hörte Mehmet auf zu weinen und sagte: „Geduld? Niemand in meiner Lage könnte geduldig sein.“

Der Lehrer verließ schmunzelnd den Raum. Mehmet bekam vor Wut keinen Ton mehr heraus, dann fing er an zu schreien und um sich zu schlagen. Als ein hochrangiger Aufseher Mehmets Schreie hörte, ging er zu ihm, um nachzusehen, was da los war. Mehmet, der außer Rand und Band war, schrie weiter und beleidigte den Aufseher. Der Aufseher versprügelte Mehmet. Dann dachte er sich, dass sein Verhalten von seiner Einsamkeit kam. Also beschloss er, einen alten kranken Mann in seine Zelle zu schicken. Von nun an musste Mehmet neben einem alten, kranken Mann leben, der sich seit vielen Jahren nicht mehr gewaschen hatte und sehr ungepflegt war. Am nächsten Morgen kam der Lehrer erneut, sah Mehmet und sagte: „Oh, wie schön. Jetzt hast du einen Freund an deiner Seite. Du wirst dich also nicht mehr einsam fühlen."

Mehmet entgegnete: „So ein Freund kann mir gerne fernbleiben. Er ist krank, nicht ansprechbar und stinkt fürchterlich. Wir leben gezwungenermaßen zusammen."

Der Lehrer verließ seine Zelle wieder, ohne etwas zu sagen. Ein paar Stunden später fing der kranke alte Mann zu erbrechen an. Mehmet rief die Aufseher, damit sie den alten Mann von ihm entfernten. Als die Aufseher Mehmet und die Einzelzelle sahen, sagten sie: „Was ist das denn für eine Schweinerei? Ab jetzt bist du für die Sauberkeit der Zelle verantwortlich." Dann brachten sie ihm einen Waschlappen und einen Eimer Wasser.

Die Sträflinge im Gefängnis gerieten an diesem Tag wieder aneinander. Viele sterben während der Messerstecherei und die Verbliebenen werden schwer verletzt.

Als der Lehrer Mehmet nach diesem Ereignis besuchen kam, hörte er aus Mehmets Zelle Murmeln. Als er in die Zelle schaute, sah er, wie Mehmet den kranken alten Mann wusch und dabei folgendes Bittgebet sprach: „Mein gnädiger Herr. Ich danke dir! Zum Glück bin ich in diese Einzelzelle verlegt worden. Ich hätte auch bei dem Streit im Gefängnis sterben können."

Als er den Lehrer erblickte, senkte er den Kopf und sagte: „Sie hatten Recht, Hodscha. Dieser Mann ist krank und pflegebedürftig. Ich habe überlegt und mich gefragt, was mit mir geschehen wäre, wenn dieser Mann gestorben wäre. Wenn er gestorben wäre, hätten sie mir vielleicht auch seinen Mord angehängt. Zum Glück hat er überlebt. So wurde ich vor der großen Messerstecherei bewahrt." Als der Lehrer das hörte, sagte er lächelnd: „Du hast also verstanden, dass es immer schlimmer geht. Ich bringe dir gute Nachrichten. Ich habe die Aufseher miteinander sprechen gehört. Sie haben den wahren Dieb gefangen genommen."

Mehmet wurde nach diesem Gespräch aus dem Gefängnis entlassen. Dass es immer schlimmer gehen kann im Leben, hatte er am eigenen Leib erfahren. Kurze Zeit später bat ihm ein reicher Geschäftsmann eine Arbeitsstelle an und als seine Frau davon erfuhr, nahm sie ihn wieder auf.

92. Ihr Schlaf ist besser als Ihr Wachzustand

Ein tyrannischer Herrscher fragte einen Gelehrten: „Was kann ich tun, um Gott zu dienen?" Der Gelehrte antwortete: „Ich empfehle Ihnen zu schlafen. Es ist besser, wenn Sie schlafen, als wenn Sie wach sind. Wenn Sie schlafen, kann sich die Bevölkerung von Ihrer Tyrannei ausruhen."

Das Herz ist Dscharullah. Das bedeutet, dass das Herz der Nachbar Allahs ist. Wenn jemand verletzt wird, verletzt das auch den Nachbarn. Deshalb sollte man sich darum bemühen, niemandem das Herz zu brechen. Ganz egal, ob es sich um Muslime, Nichtmuslime, Sündiger oder Heilige handelt. Man ist nicht dazu verpflichtet, jemandem Gutes zu tun, aber man ist verpflichtet dazu, niemandem etwas Böses anzutun. Keiner wird fragen, warum hast du jene gute Tat nicht getan, aber die Leute werden fragen, warum man etwas Böses getan hat.

93. Deine Mutter begeht keine Sünde

Ein Vater betete freiwillige Nachtgebete mit seinem Kind. Das Kind sagte nach den Gebeten: „Papa, schau mal, wie schön wir gebetet haben, während Mama tief und fest schläft."

Der Vater wurde traurig, als er diesen Satz hörte, und sagte: „Mein Sohn, hättest du auch lieber geschlafen, statt diesen Satz zu sagen. Denn du hast gerade üble Nachrede begangen. Deine Mutter begeht keine Sünde, während sie schläft."

94. Der türkische Honig

Es gab einen frommen Mann, der sehr großzügig war und all sein Hab und Gut an Bedürftige spendete. Er ging dabei so weit, dass er sich Geld von Reichen borgte und dieses an Arme verteilte.

Dieser Mann wurde eines Tages schwer krank. Als die Personen, denen er noch etwas schuldete, davon erfuhren, hatten sie Angst, dass er sterben würde, bevor er seine Schulden begleichen konnte, und suchten ihn auf.

Der fromme Mann schämte sich sehr über seine Lage. Es machte ihn traurig, dass er von so negativen und selbstverliebten Menschen umgeben war. Er wollte ihnen gut zusprechen, aber die Personen nahmen ihn nicht ernst und sagten: „Wir brauchen keine Weisheiten oder Ratschläge von dir, sondern unser Geld."

Zur selben Zeit waren draußen die Rufe eines jungen Verkäufers zu hören, der türkischen Honig verkaufte. Der fromme, kranke Mann bat von seinem Krankenbett aus eine der Personen darum, vom Verkäufer türkischen Honig zu kaufen und den anderen Besuchern anzubieten. Seine Bitte wurde in die Tat umgesetzt und der Beauftragte kaufte das ganze Tablett und verteilte es an die Leute.

Alle Besucher aßen vom türkischen Honig. Als der junge Verkäufer nach der Bezahlung verlangte, sagte der kranke Mann zu ihm: „Könnte ich dir das Geld für den türkischen Honig später geben?" Der Junge verließ den Kranken, ohne etwas zu antworten. Er entfernte sich von den Menschen, hockte sich unter einen Baum und fing lautlos an zu weinen. Durch Zufall entdeckte der Gouverneur der Stadt den jungen Verkäufer, strich über sein Haupt und fragte ihn, warum er weinte. Der Verkäufer erzählte dem Gouverneur, was passiert war. Er sagte: „Ich konnte dem kranken Mann nichts sagen, aber ich habe auch Schulden aufgenommen, um den türkischen Honig zu kaufen. Wie soll ich diese jetzt abbezahlen und wie soll ich Geld nach Hause bringen?"

Der Gouverneur kannte den kranken Mann persönlich. Er bezahlte den Verkäufer und gab ihm sieben volle Beutel Goldmünzen, damit er diese dem kranken Mann aushändigen konnte. Als die Schuldiger des kranken Mannes das Gold sahen, waren sie froh. Alle Schulden wurden beglichen. Dennoch waren sie erstaunt über die schnelle Rückzahlung. Der fromme Mann sagte: „Ich war in Sorge und ihr wart auch in Sorge. Hinzu kam die Sorge des Jungen. Seine aufrichtige Höflichkeit und Geduld führten dazu, dass Allah uns unsere Sorgen nahm."

Die Besucher und Schuldeneintreiber wurden traurig und wollten dem kranken Mann das Geld zurückgeben, aber dieser lehnte ab. Er sagte: „Wenn ein Mensch Gutes tut, dann wird er in seiner Aufrichtigkeit durch aufeinanderfolgende Prüfungen getestet. Wenn er geduldig bleibt, wird er dafür großzügig entlohnt werden. Ihr habt eine gute Tat getan, aber wart nicht geduldig und habt die gute Tat bereut, als ihr geprüft wurdet."

95. In meinem Bauch befindet sich ein Diamant

Ein Jäger stellte eines Tages eine Falle auf. In diese Falle geriet eine kleine Meise. Als der Jäger die Meise sah, freute er sich und wollte den kleinen Vogel essen. Die Meise wusste dies und sagte: „Herr Jäger, Ihr habt große Tiere wie Kamele, Kühe, und Ziegen gegessen und seid nicht satt geworden. So ein kleiner Vogel wie ich hat sehr wenig Fleisch und wird Euch doch gar nicht sättigen können. Lasst mich Euch drei seltene Weisheiten sagen, von denen Ihr mehr Nutzen haben werdet. Ich sage Euch die erste Weisheit aber erst, wenn Ihr mich loslasst, die zweite, wenn ich auf dem Boden bin, und die dritte auf dem Baum." Der Jäger hörte der Meise aufmerksam zu und willigte ein. Er ließ die Meise frei und die Meise teilte ihm die erste Weisheit mit: „Beschwere dich nicht, wenn du dir deine Chancen entgehen lässt." Der Jäger bereute, dass er den Vogel freigelassen hatte, wollte aber auch die anderen Ratschläge hören. Deshalb ließ er die Meise auf den Boden fliegen. Die Meise flog auf den Boden und sagte: „Glaube nicht jedem, der dir etwas sagt." Wieder merkte der Jäger, dass ihn die Meise reingelegt hatte. Die Meise freute sich, flog auf einen Baum und sagte dem Jäger: „Nun kann ich dir die letzte Weisheit mitteilen: In meinem Bauch befindet sich ein Diamant, der elf Gramm wiegt, und du hast diesen soeben entwischen lassen." Als der Jäger diese Worte hörte, klagte und fluchte er über sein Schicksal. Die Meise fing an zu lachen und gab dem weltverfallenen Jäger noch eine Lektion mit auf den Weg: „Jetzt bist du wieder auf meine Täuschung hereingefallen und hast meinen Worten geglaubt. Denk doch mal nach. Wie soll ein Vogel wie ich, der nur vier Gramm wiegt, einen Diamanten im Bauch haben, der elf Gramm wiegt?"

96. Du hast falsch von mir gedacht

Ein frommer Mann dachte von jedem nur Gutes und glaubte, dass jeder besser als er sei. Als dieser Heilige an einem warmen Sommerabend zum Spazieren nach draußen ging, sah er bei Sonnenuntergang am Strand einen Mann und eine Frau. Die beiden saßen auf einer Decke, lachten, aßen und tranken gemeinsam. Den frommen Mann beunruhigte dieser Anblick und er sagte sich: „Das geht zu weit. Ich kann nicht gut über zwei Unverheiratete denken, die am Strand sitzen und Alkohol trinken." Gerade als er die beiden darauf ansprechen wollte, näherte sich ein kleines Boot mit einem Leck und drei Passagieren. Das Boot ging unter. Der Mann, der am Strand saß, sprang auf und lief über das Wasser zu den Ertrinkenden. Er nahm zwei von ihnen und lief zurück zum Strand. Während er auf dem Wasser lief, sah er den frommen Mann und rief: „Kümmere du dich um die letzte Person!" Der fromme Mann traute seinen Augen nicht und entgegnete: „Wie denn? Ich kann nicht übers Wasser laufen."

Der Mann brachte die Opfer in Sicherheit und half auch dem Dritten. Erneut am Strand angekommen ging er zum frommen Mann und sagte: „Du hast schlecht über uns gedacht. Die Frau am Strand ist meine Frau. Wir haben den ganzen Tag gefastet und waren gerade dabei, unser Fasten zu brechen und das, was wir tranken, war kein Alkohol, sondern Zamzam[20]. Denke nie wieder schlecht über andere." Möge Allah uns alle davor bewahren, schlecht über andere zu denken, und noch zu Lebzeiten unsere Reue und guten Taten annehmen.

---

[20] Ist der Name des Wassers in Mekka, welches ihren Ursprung vom Paradies hat.

97. Sprich Gutes oder schweig

In einem Dorf lebte ein Mann, der dafür bekannt war, über andere Menschen zu lästern. Eines Tages ging er zum Imam des Dorfes und sagte: „Ich bereue meine Taten. Wird mir Allah verzeihen können?" Der Imam entgegnete: „Komm morgen zum Marktplatz, dort wird dir vergeben werden. Bring ein Kissen voller Vogelfedern mit." Am nächsten Tag machte sich der Mann auf den Weg zum Marktplatz. Dort tummelten sich viele Menschen. Der Imam erwartete den Mann bereits und nahm ihm das Kissen ab. Er holte ein Messer aus seiner Tasche und schlitzte das Kissen auf. Die Federn quollen aus dem Kissen und wurden vom Winde in alle Richtungen verweht. Der Mann und die versammelte Masse schauten dem Geschehen ratlos zu. Dann wandte sich der Imam dem reuevollen Mann zu und sagte: „Jetzt sammele alle Federn wieder ein und dir wird vergeben werden." Der Mann schaute schockiert um sich und sah, wie die Federn vom Wind in alle Richtungen getragen wurden, dann schaute er wieder zum Imam und sagte: „Wie soll das gehen? Ich werde es nicht schaffen, all diese Federn wieder aufzusammeln." Natürlich fragte sich jeder auf dem Marktplatz, was der Imam den Mann lehren wollte, und sie warteten gespannt auf seine Antwort. Der Imam schaute mit ernster Mine in die Runde und blickte dann wieder den Mann an. Er sprach: „Genauso wie du diese Federn einzeln ausfindig machen musst, musst du jede Person aufsuchen, über die du schlecht gesprochen hast und sie um Vergebung bitten. Man sagt nicht umsonst: Sprich Gutes oder schweige. Wenn man jemandem zuhört, wie er schlecht über andere spricht, dann ist das sogar noch schlimmer, weil man seine Tat fördert. So jemand hat eine Sünde begangen und lässt andere Sünden begehen."

98. Er konnte nicht mal einen kleinen Vogel retten

Ein paar Männer gingen zum Jagen in den Wald. Schon nach kurzer Zeit sahen sie einen Vogel und schossen auf ihn. Die Kugeln streiften den Vogel, und er fiel zu Boden, hüpfte dort aber weiter. Die drei Jäger rannten zum Vogel und versuchten, ihn einzufangen. Obwohl der Vogel nicht groß war und die Jäger nicht gesättigt hätte, ließen sie nicht von ihm ab. Der Vogel hüpfte eine Zeit lang vor sich hin und hörte plötzlich entfernte Gebetsgeräusche. Er dachte sich, dass er bei den Betenden Schutz finden könnte und folgte den Geräuschen. Als er durch ein Gebüsch hüpfte, sah er einen Scheich und um ihn herum eine Gruppe seiner Schüler, die im Kreis standen und gemeinsam Allah priesen. Mit letzter Kraft sprang der kleine Vogel in den Kreis der Derwische. Der Scheich und seine Schüler waren im Trancezustand und bemerkten den Vogel nicht. Erst, als sie ihr Gebet beendet hatten, bemerkten sie den Vogel in ihrer Mitte, der in der Zwischenzeit verstorben war. Der Scheich hockte sich neben den toten Vogel und sagte mit trauriger Stimme: „Hier liegt ein toter Vogel. Wie ist der Arme denn hierhergekommen? Und woran ist er wohl gestorben?" Am selben Abend hatte der Scheich einen Traum. Er träumte vom Tag des Jüngsten Gerichts und sah, wie seine guten und schlechten Taten auf einer großen Waage gewogen wurden. Vor ihm stand plötzlich auch der tote Vogel und fing an zu erzählen: „O Allah, ich war verletzt und wollte mich vor den Jägern in Sicherheit bringen. Dann hörte ich diesen Scheich und seine Schüler und suchte bei ihnen Zuflucht, aber sie kümmerten sich nicht um mich, und ich starb vor ihnen." Der Scheich fing an zu schwitzen und versuchte sich zu verteidigen: „O mein Schöpfer, ich schwöre, ich habe ihn nicht gesehen. Durch die Lobpreisungen habe ich mich selbst verloren und war in einem Trancezustand." Da der Scheich die Wahrheit sprach und er nichts dafür konnte, wurde er nicht bestraft. Doch der Vogel blickte in die Richtung des Scheichs und hatte das letzte Wort: „Dieser großer Scheich konnte nicht einmal einen kleinen Vogel wie mich retten, wie soll er dann sich selbst und seine Schüler retten können?"

99. Ich erwarte doch nichts von dir

Ein in der Wüste lebender Derwisch hatte sich sein bescheidenes Zelt aufgebaut und lobpreiste darin Allah. Er aß nichts, trank nichts und tat nichts anderes außer Allah anzubeten. Der Herrscher des Landes befand sich mit seiner Karawane gerade auf dem Rückweg von einer langen Reise und sah das Zelt des Derwisches. Er entschied sich dazu, dem Derwisch einen Besuch abzustatten, und ging mit seinen Bediensteten in das Zelt. Dort fand er den Derwisch liegend vor. Der Derwisch machte keine Anstalten, sich aufzurichten. Als der Herrscher merkte, wie respektlos der Derwisch war, fragte er: „Weißt du eigentlich, wer vor dir steht? Hast du mich erkannt?" Der Derwisch schaute den Herrscher an und nickte kurz. Der Herrscher fragte weiter: „Wieso stehst du dann nicht auf und erweist mir den nötigen Respekt?" Der Derwisch blieb gelassen und antwortete: „Es ist egal, ob ich weiß, wer du bist oder nicht. Ich erwarte nichts von dir. Deine Bediensteten und Diener sollen aufstehen, wenn sie dich sehen. Ich bin nur ein armer Mann." Die Antwort gefiel dem Herrscher sehr und er sagte: „Du bist ein Derwisch, jemand, der Allah nahesteht. Kannst du mir eine Weisheit mit auf den Weg geben?" Der Derwisch antwortete: „Schau stets nach hinten, denn der Todesengel Azrael ist hinter dir und hat deine Lebenszeit im Blick. Er wartet auf den Zeitpunkt, an dem er deine Seele nehmen kann."

Der Herrscher fragte nun voller Angst: „Was soll ich tun?"

Der Derwisch sagte: „Du hast dich bis jetzt immer um dein Diesseits gesorgt, kümmere dich von nun an um dein Jenseits und nutze deine Zeit. Gib alles, was du hast, für das Wohlgefallen Allahs aus. Es wird dir hier sowieso nichts bringen. Es ist deine letzte Chance." Diese weisen Sätze prägten sich in das Herz des Herrschers ein und bevor er sich verabschiedete, fragte er den Derwisch: „Willst du etwas von mir? Kann ich dir etwas Gutes tun?"

Der Derwisch sagte: „Bitte störe mich nicht weiter. Ich habe nun schon genug Zeit verloren. Geh jetzt."

Kleines Glossar

Abû Bakr: Der erste Khalîf des Gesandten Allahs, des Erhabenen. Er war der engste Freund des Propheten.

Abû Hanîfa: Er ist einer der größten Gelehrten des Islam. Er ist das Oberhaupt der Ahlu's-Sunna, deren Rechtschule ist die verbreitetste. Er wurde im Jahre 80 n. H. in Kufa geboren und starb im Jahr 150 n. H. als Märtyrer in Bagdad.

Alhamdulillah: Allah sei dank.

Allah: Der einzige Gott, der alleinige Schöpfer.

Allahu Akbar: „Allah ist groß". Dieser Spruch wird zu Beginn der Gebete gesprochen.

Amin: So möge Allah es annehmen und geschehen lassen.

Âya (plural: Âyat): Wörtlich: Zeichen. Verse des edlen Koran. Allah, der Erhabene, bezeichnet sie als Zeichen, in denen Er den Menschen die Wirklichkeiten des Diesseits und des Jenseits zeigt. In ihnen wird dem Menschen eine Lebensweise Seinem Wohlwollen entsprechend nahegelegt.

Azrael: Der Engel des Todes, der zum bestimmten Zeitpunkt des Todes der Geschöpfe auf Befehl Allahs, des Erhabenen, ihr Leben nimmt.

Basmala: „Mit dem Namen Allahs, des Gnädigen und Barmherzigen"

Duâ: Bittgebet. Das Erbitten um Sachen von Allah, dem Erhabenen.

Dunyâ: Das Diesseits, die Welt, in der Menschen von Geburt bis zum Tod weilen.

Dschahannam: Der Ort der Strafe im Jenseits.

Dschanna: Der Ort der Belohnung im Jenseits, das Paradies.

Dschibril oder Dschibrîl: Der Engel Dschibrîl, der den Koran dem Propheten Muhammed überbrachte.

Fard (plural: Farâid): Verpflichtung. Eine verpflichtende Handlung der Anbetung oder der Praxis der Religion, wie sie durch den Islam bestimmt wird.

Hadith (plural: Hadithe): Die Aufzeichnungen der Worte und Taten des Gesandten Allahs.

Hadsch: Die Pilgerreise. Sie gehört zu einer der Säulen des Islam.

Halâl: Erlaubt im Sinne des Islams.

Harâm (plural: Mahârim): Verboten im Sinne des Islams.

Hikma: Weisheit

Hidschaz: Region an der westlichen Küste Arabiens, in der Mekka, Medina, Dschidda und Ta'if liegen.

Îmân: Glaube, Überzeugung, Annahme Allahs, des Erhabenen, und Seines Gesandten. Iman besteht aus dem Glauben an Allah, den Erhabenen, Seine Engel, Seine Bücher, Seine Gesandten, den Letzten Tag, das Paradies und die Hölle, und, dass alles, Gutes und Schlechtes, durch den Willen Allahs, des Erhabenen, ist.

Inschaallah: „So Allah, der Erhabene, will". Wird stets gesagt, wenn man eine zukünftige Tat als Absicht ausdrückt: Ich werde dies-und-das machen inschaallah. Ich werde dies-und-das nicht machen inschaallah.

Islam: Hingabe an den Willen Allahs, des Erhabenen.

Kaaba: Das „Haus Allahs" in Mekka. Es ist der zentrale Ort für die Riten der Pilgerreise.

Koran: Das „Heilige Buch" der Muslime, das „Lebendige Wunder", welches von Allah, dem Erhabenen, als Rechtleitung der Menschheit über den Erzengel Dschibrîl an den Propheten Muhammed, möge Allah ihn segnen und ihm Frieden schenken, offenbart wurde.

Ramadân: Der Fastenmonat, in dem das jährliche Pflichtfasten, einer der Pfeiler des Islam, verpflichtend wird.

Sadaqa: Eine Spende, die um Allahs, des Erhabenen, willen gegeben wird. Nicht zu verwechseln mit der Almosensteuer.

Salat: Gebet. In der Regel sind damit die rituellen Pflichtgebete (fünf Mal täglich) gemeint.

Schahada: Das Glaubensbekenntnis: „Ich bezeuge, dass es keinen Gott gibt, außer Allah, und ich bezeuge, dass Muhammed Sein Diener und Sein Gesandter ist.", „Aschhadu an lâ ilâha illa'llah wa aschhadu anna Muhammadan abduhû wa rasûluh"

Subhanallah: Gepriesen sei Allah. Eine Aussage, die man bei Verwunderung oder Begeisterung ausspricht.

Sunna (plural: Sunan): Lebensstil, Bräuche, Lehren und Anweisungen des Propheten.

Tawaf: Das Umkreisen der Kaaba. Dabei fängt man beim Hacer-ul-esved (Schwarzen Stein) an und umkreist die Kaaba siebenmal im Uhrzeigersinn.

Tawakkul: Das Vertrauen und das Sich-verlassen auf Allah, den Erhabenen. Dies drückt sich alltäglich vor allem darin aus, dass man ein Vertrauen darauf hat, dass Allah, der Erhabene, den Menschen versorgt.

Umar ibnu'l-Khattâb: Er wird auch Umar al-Farûq, „der Unterscheidende" genannt. Er ist der zweite Khalif der Muslime, bekannt für seine Gerechtigkeit.

Zakât: wer über seinen Bedarf hinaus Besitz hat und wenn dieser Besitz bestimmte „Nisâb" genannte Maße überschreitet, eine festgelegte Menge dieses Besitzes an die im Koran hierfür genannten Menschen ohne Missgunst und Widerwillen aushändigt

Zamzam: Ist der Name des Wassers in Mekka, welches ihren Ursprung vom Paradies ha

Quellen

1. Abdülmecîd Hânî: el-Hadâikü'l-Verdiyye. Istanbul 2011.
2. Ahmet b. Muhammed El-Kastalani: Mevahibü'l-Ledünniyye. Istanbul 2017.
3. Ali bin Hüseyin: Reşahat Aynül Hayat. Erzurum 2013.
4. Carl Brockelmann: Geschichte der arabischen Litteratur.Band 2. Leiden 1949.
5. Devellioglu, Ferit: Osmanlıca Türkçe Ansiklopedik Lûgat. Ankara 2013.
6. Ebu İshak İbrahim es-Salebi: Kitabu Kisasü'l-Enbiya el-Müsemma bi'l-Arais. Ägypten 1894.
7. Ebu Nuaym el-Isbehani: Hilyetül Evliya ve Tabakatül Asfiya. Istanbul 2015.
8. El-Mes'udi: Murucu´z-Zeheb ve Meadinu'l Cevher. Kairo 1964.
9. Erzurumlu İbrahim Hakki: Marifetname. Istanbul 2018.
10. Feridüddin Attar: Tezkiret-ül Evliya. Istanbul 2013
11. Giritli Sırrı Paşa: Ahsen'ül-Kasas. Istanbul 1891.
12. Schulthess, Friedrich (Hrsg.): Der Dîwân des arabischen Dichters Hâtim Tej nebst Fragmenten. Leipzig 1897.
13. İbn Asakir: Muhtasaru Tarihi Dimask. Beirut 1979.
14. Ibn Cerir et-Taberi: Tarihu't-Taberi. Ankara 2017.
15. Ibn-Katīr: Al- Bidāya wa-'n-nihāya. Kairo 1932.
16. Ibn-Katīr: Die Geschichten der Propheten. Düsseldorf 2011.
17. İbnu´l-Esir: el-Kamil fi't-Tarih. Beirut 1965.
18. İmam Zehebi: El-Kebâir. Kairo 2009.
19. Ismail Ibn Yusuf Nebhani: Sahabeden Günümüze. Veliler ve Kerametleri. Camiu'l-Kirâmâti'l-Evliyâ. Istanbul 1990.
20. Katib Celebi: Keşf-el-Zunun. Istanbul 1971.

21. Kemaleddin Demiri: Hayatul Hayvan. Istanbul 1973.

22. M. Asim Köksal: Peygamberler Tarihi. Ankara 2014.

23. Mevlânâ Abdürrahmân Câmî: Şevahid-ün Nübüvve. Istanbul 2015.

24. Mevlana Celaleddin Rumi: Mesnevi. Ankara 2013.

25. Mevlânâ Nureddin Abdurrahman MOLLA CAMİ: NEFAHÂTÜ'L – ÜNS. Istanbul 1

26. Muhammad ibn Isa al- Tirmidhi: Sunan al-Tirmidhi. Beirut 1980.

27. Muḥammad Ibn-Ismāʿīl al Buḫārī,: Ṣaḥīḥ al-Buḫāryy. Düsseldorf 2015.

28. Muinüd-din Muhammed Emin Hirevi: Mearicün Nübüvve Altıparmak Peygamberler Tarihi. Istanbul 2014.

29. Muslim Ibn-al-Ḥağğāğ al-Qušairī: Sahih Muslim. Neu Delhi 2007.

30. Şeyh Nureddin Ebu'l Hasan: Behcetül Esrar Menakıbı Abdülkadir Geylani. Istanbul 2013.

31. Seyyid Eyyûb bin Sıddık: Menâkıb-ı çihâr yâr-i güzîn. Istanbul 2015.

32. Türkiye Gazetesi (Hrsg.): Evliyalar Ansiklopedisi. Istanbul 1992.

33. Wendt, Gisela: Frühislamische Mystiker. Amsterdam 1984.

Bildnachweis

34. "Panoramabilustration von Istanbul mit Galata Tower und Maiden Tower" von omerfrukboyaci, Lizenzfreie Stockillustrations-Nummer: 555553981, zugeschnitten

Namensregister

www.ingramcontent.com/pod-product-compliance
Lightning Source LLC
LaVergne TN
LVHW041039170726
843494LV00004B/172